IDENTIDADE

Obras de Zygmunt Bauman:

- 44 cartas do mundo líquido moderno
- Amor líquido
- Aprendendo a pensar com a sociologia
- A arte da vida
- Babel
- Bauman sobre Bauman
- Capitalismo parasitário
- Cegueira moral
- Comunidade
- Confiança e medo na cidade
- A cultura no mundo líquido moderno
- Danos colaterais
- O elogio da literatura
- Em busca da política
- Ensaios sobre o conceito de cultura
- Estado de crise
- Estranho familiar
- Estranhos à nossa porta
- A ética é possível num mundo de consumidores?
- Europa
- Globalização: as consequências humanas
- Identidade
- A individualidade numa época de incertezas
- Isto não é um diário
- Legisladores e intérpretes
- Mal líquido
- O mal-estar da pós-modernidade
- Medo líquido
- Modernidade e ambivalência
- Modernidade e Holocausto
- Modernidade líquida
- Nascidos em tempos líquidos
- Para que serve a sociologia?
- O retorno do pêndulo
- Retrotopia
- A riqueza de poucos beneficia todos nós?
- Sobre educação e juventude
- A sociedade individualizada
- Tempos líquidos
- Vida a crédito
- Vida em fragmentos
- Vida líquida
- Vida para consumo
- Vidas desperdiçadas
- Vigilância líquida

Zygmunt Bauman

IDENTIDADE
Entrevista a Benedetto Vecchi

Tradução:
Carlos Alberto Medeiros

Copyright © 2004 by Zygmunt Bauman and Benedetto Vecchi

Tradução autorizada da primeira edição inglesa publicada em 2004 por Polity Press, de Cambridge, Inglaterra

Grafia atualizada segundo o Acordo Ortográfico da Língua Portuguesa de 1990, que entrou em vigor no Brasil em 2009.

Título original
Identity: Conversations with Benedetto Vecchi

Capa e imagem
Bruno Oliveira

Dados Internacionais de Catalogação na Publicação (CIP)
(Câmara Brasileira do Livro, SP, Brasil)

Bauman, Zygmunt, 1925-2017
   Identidade : entrevista a Benedetto Vecchi / Zygmunt Bauman; tradução Carlos Alberto Medeiros; [introdução de Benedetto Vecchi]. – 1ª ed. – Rio de Janeiro: Zahar, 2021.

   Tradução de: Identity : Conversations with Benedetto Vecchi.
   ISBN 978-65-5979-015-9

   1. Identidade (Conceito filosófico) 2. Psicologia social I. Vecchi, Benedetto. II. Título.

21-63349   CDD: 302.54

Índice para catálogo sistemático:
1. Identidade : Sociologia 302.54

Cibele Maria Dias – Bibliotecária – CRB-8/9427

[2021]
Todos os direitos desta edição reservados à
EDITORA SCHWARCZ S.A.
Praça Floriano, 19, sala 3001 – Cinelândia
20031-050 – Rio de Janeiro – RJ
Telefone: (21) 3993-7510
www.companhiadasletras.com.br
www.blogdacompanhia.com.br
facebook.com/editorazahar
instagram.com/editorazahar
twitter.com/editorazahar

· **Sumário** ·

Introdução, por Benedetto Vecchi   7

Identidade   15

Notas   107

Índice remissivo   109

· Introdução ·

Benedetto Vecchi

Em todos os seus textos, Zygmunt Bauman consegue abalar as nossas crenças fundamentais, e este livro de entrevistas sobre a questão da identidade não é exceção. As entrevistas fogem um pouco do padrão por não terem sido realizadas com um gravador e porque entrevistado e entrevistador nunca estiveram face a face. O e-mail foi o instrumento escolhido para o nosso diálogo, o que impôs um ritmo um tanto fragmentário a nossa troca de perguntas e respostas. Na ausência da pressão do tempo e do face a face, nosso diálogo a longa distância foi caracterizado por muitas pausas para reflexão, pedidos de esclarecimento e pequenos desvios para assuntos que originalmente não pretendíamos abordar. Cada resposta de Bauman servia apenas para aumentar a minha perplexidade. À medida que o material por ele fornecido começou a tomar forma, fui ficando cada vez mais consciente de ter adentrado um continente muito mais amplo que o esperado, um continente cujos mapas eram quase inúteis em se tratando de encontrar direções. Isso não deveria ser uma surpresa, pois Bauman não é como outros sociólogos ou "cientistas sociais". Suas reflexões são um trabalho em desenvolvimento, e ele nunca se contenta em definir ou "conceitualizar" um acontecimento, em vez disso procura estabelecer conexões com fenômenos sociais ou manifestações do etos público que parecem muito distantes do objeto inicial da investigação, e tecer comentários sobre eles.

As páginas seguintes serão mais que suficientes para demonstrar essa natureza errante de suas reflexões, o que torna impossível definir suas influências intelectuais ou seu alinhamento a determinada escola de pensamento.

Zygmunt Bauman tem sido frequentemente definido como um sociólogo eclético, e decerto ele não ficaria ofendido com esta definição. No entanto, a metodologia que ele utiliza para abordar um assunto busca acima de tudo "revelar" a miríade de conexões entre o objeto da investigação e outras manifestações da vida na sociedade humana. Com efeito, esse sociólogo de origem polonesa considera essencial colher a "verdade" de todo sentimento, estilo de vida e comportamento coletivo. Isso só é possível quando se analisam os contextos social, cultural e político em que um fenômeno particular existe, assim como o próprio fenômeno. Daí a natureza errante dos pensamentos que aparecem em seus textos, os quais analisam assuntos que vão da crise no debate público, em *Em busca da política* (1999), à mudança do papel dos intelectuais numa sociedade pautada pela busca da atenção, em *Legisladores e intérpretes* (2010). Seu intelecto é, de fato, ao mesmo tempo rebelde e rigoroso. É fiel ao presente, mas cuidadoso em reconhecer a sua genealogia, ou melhor, genealogias.

Nesta ocasião, o tema era a identidade, assunto que é, pela própria natureza, intangível e ambivalente. Bauman enfrentou o desafio e realizou um duplo salto mortal: releu a história da sociologia moderna à luz da obsessão e da importância com que o atual debate público trata a identidade e chegou à conclusão de que é melhor não buscar respostas tranquilizadoras nos "textos consagrados" do pensamento crítico. *Modernidade líquida* (2000) nos projeta num mundo em que tudo é ilusório, onde a angústia, a dor e a insegurança causadas pela "vida em sociedade" exigem uma análise paciente e contínua da realidade e do modo como os indivíduos são nela "inseridos". Qualquer tentativa de aplacar a inconstância e a precariedade dos planos que homens e mulheres fazem para as suas vidas, e assim explicar essa sensação de desorientação exibindo certezas passadas e textos consagrados, seria tão fútil quanto tentar esvaziar o oceano com um balde.

Temos aqui um intelectual para quem o princípio da responsabilidade é o primeiro ato de qualquer envolvimento na vida pública. Para um sociólogo, isso significa conceber a sociologia não como uma disciplina "independente" de outros campos do conhecimento, mas como uma que fornece a ferramenta analítica para se estabelecer uma vigorosa interação com a filosofia, a psicologia social e a narrativa. Desse modo, não deveríamos estranhar se os documentos com os quais ele põe à prova a sua tendência a causar "curtos-circuitos" na cultura de massa e na alta cultura incluam artigos de grandes jornais, *slogans* publicitários e reflexões filosóficas de Søren Kierkegaard sobre Don Giovanni.

Embora ele não tenha grande entusiasmo em falar sobre a sua vida, deve-se dizer que Zygmunt Bauman nasceu em 1925 numa família judia polonesa. Tendo escapado para a União Soviética no início da Segunda Guerra Mundial, ele se alistou no exército polonês aliado ao Exército Vermelho e com ele enfrentou o nazismo. No seu livro *Bauman sobre Bauman* (2011), ele nos conta que começou seus estudos e o curso de sociologia ao retornar a Varsóvia e que os seus primeiros professores foram Stanislaw Ossowski e Julian Hochfeld, dois intelectuais poloneses pouco conhecidos fora de seu país, mas fundamentais para a sua formação intelectual. Acima de tudo, eles lhe proporcionaram a capacidade de "olhar o mundo de frente", sem recorrer a ideologias preconcebidas. Se você pede a Bauman, que se tornou um personagem de destaque na "escola sociológica" de Varsóvia, para descrever as dificuldades enfrentadas nas décadas de 1950 e 1960, ele o faz sem qualquer hostilidade em relação àqueles que se opunham ao seu trabalho. Na verdade, ele usa a sua ironia sutil para comparar a penosa liberdade acadêmica da Polônia ao conformismo acadêmico europeu e norte-americano. É igualmente discreto quanto ao seu papel no "Outubro polonês" de 1956, quando participou do influente movimento reformista que desafiou a liderança do Partido dos Trabalhadores Unidos e a subjugação de seu país às ordens de Moscou. Essa experiência o marcou e o preparou para o confronto com a ideologia oficial do marxismo soviético, no que os trabalhos de Antonio Gramsci desempenhariam seu papel. Começou a fazer frequentes viagens ao exterior. Tirou seu ano sabático na London School of Economics e participou de muitas conferências em quase todas as grandes universidades europeias. Então veio 1968, que se revelaria um momento decisivo em sua vida. Bauman, que apoiava o incipiente movimento dos estudantes poloneses, teve seus trabalhos proibidos pelo Partido Comunista quando o antissemitismo foi usado para reprimir estudantes e professores universitários que exigiam o fim do sistema unipartidário em nome de "liberdade, justiça e igualdade".

Impedido de lecionar, Zygmunt Bauman mudou-se para a Inglaterra, onde ainda vive. Em quase todos os seus livros, e particularmente em *Modernidade e Holocausto* (1989), ele manifesta uma enorme gratidão a Janina, sua esposa e companheira, de quem é muito próximo tanto emocional quanto intelectualmente. Talvez ela seja uma das figuras intelectuais mais importantes nas reflexões de Bauman, primeiro sobre a "modernidade sólida", depois sobre a "modernidade líquida".

Sua vida intelectual na Inglaterra, onde leciona na Universidade de Leeds, tem sido intensamente produtiva. Já me referi a alguns de seus trabalhos, mas, tomando-os como um todo, fica bem claro que, com a publicação de *Postmodern Ethics* (1993), Bauman começou a se concentrar na globalização, analisando-a do ponto de vista não apenas econômico, mas também, e fundamentalmente, de seus efeitos sobre a vida quotidiana. Bauman, decano da sociologia europeia, fez disso o ponto de partida para a sua exploração do "novo mundo" criado pela crescente interdependência em nosso planeta. Esse período foi caracterizado por livros como *Globalização: As consequências humanas* (1998), *Co-*

munidade (2000), *A sociedade individualizada* (2001), *Modernidade líquida* (2000) e *Society under Siege* (2002), que constituem o seu grande painel da globalização como uma forma de mudança radical e irreversível. Bauman a vê como uma "grande transformação" que afetou as estruturas estatais, as condições de trabalho, as relações entre os Estados, a subjetividade coletiva, a produção cultural, a vida quotidiana e as relações entre o eu e o outro. Este livro de entrevistas sobre a identidade poderia ser considerado um pequeno acréscimo a esse painel. Parafraseando uma de suas respostas a respeito da identidade, podemos afirmar com segurança que a globalização, ou melhor, a "modernidade líquida", não é um quebra-cabeça que se possa resolver com base num modelo preestabelecido. Pelo contrário, deve ser vista como um processo, tal como sua compreensão e análise – da mesma forma que a identidade que se afirma na crise do multiculturalismo, ou no fundamentalismo islâmico, ou quando a internet facilita a expressão de identidades prontas para serem usadas.

A questão da identidade também está ligada ao colapso do Estado de bem-estar social e ao posterior crescimento da sensação de insegurança, com a "corrosão do caráter" que a insegurança e a flexibilidade no local de trabalho têm provocado na sociedade. Estão criadas as condições para o esvaziamento das instituições democráticas e para a privatização da esfera pública, que parece cada vez mais um *talk-show* em que todo mundo vocifera as suas próprias justificativas sem jamais conseguir produzir efeito sobre a injustiça e a falta de liberdade existentes no mundo moderno.

No entanto, a "corrosão do caráter", que aparece com tanta proeminência nos trabalhos mais recentes de Bauman, é apenas a manifestação mais marcante da profunda ansiedade que caracteriza o comportamento, a tomada de decisões e os projetos de vida de homens e mulheres na sociedade ocidental. Como intelectual que vivenciou os horrores do século XX – a guerra, a perseguição aos judeus e o exílio de "seu" país no intuito de permanecer leal a si mesmo –, Bauman conhece muito bem a diferença entre os fenômenos de longo prazo e as expressões eventuais de uma "longa transformação", como é claramente o caso da globalização. É fundamental compreender as características proeminentes de uma "longa transição" a fim de identificar tendências sociais, mas é igualmente necessário contextualizar manifestações da existência social dentro do longo período. Talvez seja por isso que, em diversas ocasiões, Bauman zomba educadamente dos que tentam conceitualizar em definitivo a relevância política da identidade. Numa sociedade que tornou incertas e transitórias as identidades sociais, culturais e sexuais, qualquer tentativa de "solidificar" o que se tornou líquido por meio de uma política de identidade levaria inevitavelmente o pensamento crítico a um beco sem saída. Seu convite, portanto, é a exercitar um pouco de sabedoria, mas isso será inevitavelmente rompido por convidados inesperados, isto é, as estratégias de adaptação à "modernidade líquida" que vemos em ação nas sociedades capitalistas tardias. O debate sobre a identidade é, assim, uma convenção socialmente necessária que é usada com extremo desinteresse no intuito de moldar e dar substância a biografias pouco originais. Falamos da identidade em razão do colapso daquelas instituições que, usando uma das famosas expressões de Georg Simmel, por muitos anos constituíram as premissas sobre as quais se construiu a sociedade moderna.

Em *Comunidade*, Zygmunt Bauman investigou a ambivalência exigida pelos novos laços sociais estabelecidos na sociedade capitalista tardia. Eles podem originar exigências de proteção e o retorno a um mundo familiar e restrito que cria fronteiras e barreiras para manter à distância o "*outsider*", não importa quem seja. Ao mesmo tempo, porém, a comunidade representa um abrigo em relação aos efeitos da globalização em todo o planeta, como podemos ver claramente pela atual crise da mistura racial e cultural norte-americana. Ignorar esse fato é tão perigoso quanto sujeitar-se a ele. Parece-me que o mesmo vale para a política de identidade. Sabe-se bem que Bauman tem frequentemente chamado a atenção para o cosmopolitismo dourado e a sedutora mobilidade das elites globais, e também para o modo como ambos contrastam com a miséria dos que não podem escapar à dimensão local. A política de identidade, portanto, fala a linguagem dos que foram marginalizados pela globalização. Mas muitos dos envolvidos nos estudos pós-coloniais enfatizam que o recurso à identidade deveria ser considerado um processo contínuo de redefinir-se e de inventar e reinventar a sua própria história. É quando descobrimos a ambivalência da identidade: a nostalgia do passado conjugada à total concordância com a "modernidade líquida". É isso que cria a possibilidade de transformar os efeitos planetários da globalização e usá-los de maneira positiva. Não estaria realmente equivocado quem definisse esse processo como "o otimismo do pensamento e o pessimismo da vontade". Pela quebra dos liames sociais da "modernidade sólida", é possível vislumbrar um cenário que conduz à libertação social.

Fiel a suas raízes fincadas na grande tradição sociológica europeia, Bauman enfatiza o risco envolvido nesse tipo de discurso. Trata-se, não obstante, de um risco que se deve correr, justamente porque a questão da identidade precisa envolver-se mais uma vez com o que realmente é: uma convenção socialmente necessária. Caso contrário, é certo que a política de identidade vai dominar o cenário mundial – um perigo em relação ao qual já tivemos inúmeros sinais de advertência. Em última instância, os vários fundamentalismos religiosos nada mais são do que a transposição da identidade para a política conduzida por cínicos aprendizes de feiticeiro. A trapaça oculta por essa transposição só pode se revelar se você reconstruir a passagem da dimensão individual, que a identidade sempre tem, para a sua codificação como convenção social. Esta é, creio eu, a questão central.

Qualquer que seja o campo de investigação em que se possa testar a ambivalência da identidade, é sempre fundamental distinguir os polos gêmeos que esta impõe à existência social: a opressão e a libertação. Esse círculo misterioso precisa ser rompido. Bauman está corretamente convencido de que a verdade só pode ser afirmada na ágora, removendo desse modo o véu do obscurantismo que impede essa mesma ambivalência de se tornar o lugar onde é possível experimentar o princípio de responsabilidade próprio de cada um. Poderia parecer incoerente que esse homem conciliatório, tão zeloso com a sua privacidade, fique constantemente suplicando a todo mundo para se manifestar, mas trata-se de um convite que deve ser aceito mesmo que o debate público possa desencadear sérias divergências. Isso seria o exato oposto da tagarelice pública dos intermináveis e imutáveis *talk-shows* televisivos a que ficamos tão acostumados. A ágora é o espaço privilegiado em que se pode falar abertamente sobre assuntos como a atual irrestrita privatização da esfera pública, e essa centralidade a qual Bauman lhe atribui é que faz dele um dos críticos mais lúcidos e céticos do *zeitgeist* predominante neste período de "modernidade" líquida.

· Identidade ·

Segundo o antigo costume da Universidade Charles, de Praga, o hino nacional do país da pessoa que está recebendo o título de doutor honoris causa é tocado durante a cerimônia de outorga. Quando chegou a minha vez de receber essa honraria, pediram-me que escolhesse entre os hinos da Grã-Bretanha e da Polônia... Bem, não me foi fácil encontrar a resposta. A Grã-Bretanha foi o país que escolhi e pelo qual fui escolhido por meio de uma oferta para lecionar, já que eu não poderia permanecer na Polônia, país em que nasci, pois tinham me tirado o direito de ensinar. Mas lá, na Grã-Bretanha, eu era um estrangeiro, um recém-chegado – não fazia muito tempo, um refugiado de outro país, um estranho. Depois disso naturalizei-me britânico, mas, uma vez recém-chegado, será possível abandonar essa condição algum dia? Eu não tinha a intenção de que me confundissem com um inglês, e meus alunos e colegas jamais tiveram dúvida de que eu era um estrangeiro, mais exatamente um polonês. Esse tácito "acordo de cavalheiros" impediu que a nossa relação viesse a se exacerbar – pelo contrário, fez com que fosse uma relação honesta, tranquila e, no geral, transparente e amigável. Então, talvez devessem tocar o hino polonês? Mas isso também significaria um ato de fingimento: trinta e tantos anos antes da cerimônia de Praga eu tinha sido privado de minha cidadania polonesa. Minha exclusão foi oficial, promovida e confirmada pelo poder habilitado a separar quem está "dentro" de quem está "fora", quem faz parte de quem não faz – e assim eu não tinha mais direito ao hino nacional polonês...

Janina, minha companheira por toda a vida e pessoa que já refletiu muito sobre as armadilhas e privações da autodefinição (afinal, ela é autora de um livro intitulado *Dream of Belonging* [O sonho de pertencer]), encontrou a solução: por que não o hino da Europa? É verdade, por que não? Europeu, sem dúvida, eu era, nunca tinha deixado de ser – nascido na Europa, vivendo na Europa, trabalhando na Europa, pensando e sentindo como um europeu. E mais: até agora não existe um órgão europeu com a autoridade de emitir ou recusar um "passaporte europeu", e assim conceder ou negar o direito de nos autodenominarmos "europeus".

Nossa decisão de pedir que tocassem o hino europeu foi simultaneamente "includente" e "excludente". Referia-se a uma entidade que abraçava os dois pontos de referência alternativos da minha identidade, mas ao mesmo tempo anulava, por pouco relevantes ou mesmo irrelevantes, as diferenças entre ambos e assim, também, uma possível "cisão identitária". Tirava da pauta uma identidade definida em termos de nacionalidade – o tipo de identidade que me foi negado e tornado inacessível. Alguns versos comoventes do hino europeu ajudaram: *"alle Menschen werden Brüder"*... A imagem da "fraternidade" é o símbolo de se tentar alcançar o impossível: diferentes, mas os mesmos; separados, mas inseparáveis; independentes, mas unidos.

Eu cito o pequeno episódio porque este reúne, resumidamente, a maioria dos dilemas inquietantes e das escolhas obsedantes que tendem a fazer da "identidade" um tema de graves preocupações e agitadas controvérsias. As pessoas em busca de identidade se veem invariavelmente diante da tarefa intimidadora de "alcançar o impossível": essa expressão genérica implica, como se sabe, tarefas que não podem ser realizadas no "tempo real", mas que serão presumivelmente realizadas na plenitude do tempo – na infinitude...

É comum afirmar que as "comunidades" (às quais as identidades se referem como sendo as entidades que as definem) são de dois tipos. Existem comunidades de vida e de destino, cujos membros (segundo a fórmula de Siegfried Kracauer) "vivem juntos numa ligação absoluta", e outras que são "fundidas unicamente por ideias ou por uma variedade de princípios".[1] Dos dois tipos, o primeiro me foi negado – tal como o foi e será para um número cada vez maior de meus contemporâneos. Se não tivesse sido negado, dificilmente lhe ocorreria indagar-me sobre a minha identidade. E se você indagasse, eu não saberia que espécie de resposta você esperaria de mim. A questão da identidade só surge com a exposição a "comunidades" da segunda categoria – e apenas porque existe mais de uma ideia para evocar e manter unida a "comunidade fundida por ideias" a que se é exposto em nosso mundo de diversidades e policultural. É porque existem tantas dessas ideias e princípios em torno dos quais se desenvolvem essas "comunidades de indivíduos que acreditam" que é preciso comparar, fazer escolhas, fazê-las repetidamente, reconsiderar escolhas já feitas em outras ocasiões, tentar conciliar demandas contraditórias e frequentemente incompatíveis. Julian Tuwim, o grande poeta polonês de ascendência judaica, ficou conhecido por enfatizar que odiar mais os antissemitas poloneses do que os de qualquer outro país era a maior prova do seu polonesismo (suponho que minha judaicidade seja confirmada pelo fato de que as atrocidades cometidas por Israel me são mais dolorosas do que as perpetradas por outros países). Tornamo-nos conscientes de que o "pertencimento" e a "identidade" não têm a solidez de uma rocha, não são garantidos para toda a vida, são bastante negociáveis e revogáveis, e de que as decisões que o próprio indivíduo toma, os caminhos que percorre, a maneira como age – e a determinação de se manter firme a tudo isso – são fatores cruciais tanto para o "pertencimento" quanto para a "identidade". Em outras palavras, a ideia de "ter uma identidade" não vai ocorrer às pessoas enquanto o "pertencimento" continuar sendo o seu destino, uma condição sem alternativa. Só começarão a ter essa ideia na forma de uma tarefa a ser realizada, e realizada vezes e vezes sem conta, e não de uma só tacada.

Não me recordo de dar muita atenção à questão de minha "identidade", pelo menos do ponto de vista da nacionalidade, antes do brutal despertar de março de 1968, quando o meu polonesismo foi publicamente posto em dúvida. Imagino que até então eu esperava, prosaicamente, e sem qualquer ansiedade ou astúcia, aposentar-me por tempo de serviço na Universidade de Varsóvia e ser enterrado, chegada a hora, num cemitério da cidade. Mas, desde março de 1968, o que todos esperavam de mim, e ainda esperam, é que eu me autodefina, e que eu tenha uma visão ponderada, cuidadosamente equilibrada e ardentemente defendida da minha identidade. Por quê? Porque, uma vez tendo sido obrigado a me mudar, expulso de algum lugar que pudesse passar pelo meu "*habitat* natural", não haveria um espaço a que pudessem considerar-me ajustado, como dizem, cem por cento. Em todo e qualquer lugar eu estava – algumas vezes ligeiramente, outras ostensivamente – "deslocado".

Aconteceu que, entre os vários problemas conhecidos como "minha identidade", a nacionalidade ganhou uma proeminência particular. Eu compartilho essa sorte com milhões de refugiados e migrantes que o nosso mundo em rápido processo de globalização produz em escala bastante acelerada. Mas a descoberta de que a identidade é um monte de problemas, e não uma campanha de tema único, é um aspecto que compartilho com um número muito maior de pessoas, praticamente com todos os homens e mulheres da nossa era "líquido-moderna".

As peculiaridades da minha biografia apenas dramatizaram e colocaram em pleno destaque um tipo de condição que hoje em dia é bastante comum, a caminho de se tornar quase universal. Em nossa época líquido-moderna, o mundo em nossa volta está repartido em fragmentos mal coordenados, enquanto as nossas existências individuais são fatiadas numa sucessão de episódios fragilmente conectados. Poucos de nós, se é que alguém, são capazes de evitar a passagem por mais de uma "comunidade de ideias e princípios", sejam genuínas ou supostas, bem-integradas ou efêmeras, de modo que a maioria tem problemas em resolver (para usar os termos cunhados por Paul Ricoeur) a questão da *la mêmete* (a consistência e continuidade da nossa identidade com o passar do tempo). Poucos de nós, se é que alguém, são expostos a apenas uma "comunidade de ideias e princípios" de cada vez, de modo que a maioria tem problemas semelhantes com a questão da *l'ipséite* (a coerência daquilo que nos distingue como pessoas, o que quer que seja). Minha colega de trabalho e amiga Agnes Heller, com quem compartilho, em grande medida, os apuros da vida, uma vez se queixou de que, sendo mulher, húngara, judia, norte-americana e filósofa, estava sobrecarregada de identidades demais para uma só pessoa. Ora, seria fácil para ela ampliar a lista – mas os arcabouços de referência por ela citados já são suficientemente numerosos para demonstrar a impressionante complexidade da tarefa.

Estar total ou parcialmente "deslocado" em toda parte, não estar totalmente em lugar algum (ou seja, sem restrições e embargos, sem que alguns aspectos da pessoa "se sobressaiam" e sejam vistos por outras como estranhos), pode ser uma experiência desconfortável, por vezes perturbadora. Sempre há alguma coisa a explicar, desculpar, esconder ou, pelo contrário, corajosamente ostentar, negociar, oferecer e barganhar. Há diferenças a serem atenuadas ou desculpadas ou, pelo contrário, ressaltadas e tornadas mais claras. As "identidades" flutuam no ar, algumas de nossa própria escolha, mas outras infladas e lançadas pelas pessoas em nossa volta, e é preciso estar em alerta constante para defender as primeiras em relação às últimas. Há uma ampla probabilidade de desentendimento, e o resultado da negociação permanece eternamente pendente. Quanto mais praticamos e dominamos as difíceis habilidades necessárias para enfrentar essa condição reconhecidamente ambivalente, menos agudas e dolorosas as arestas ásperas parecem, menos grandiosos os desafios e menos irritantes os efeitos. Pode-se até começar a sentir-se *chez soi*, "em casa", em qualquer lugar – mas o preço a ser pago é a aceitação de que em lugar algum se vai estar total e plenamente em casa.

Pode-se reclamar de todos esses desconfortos e, em desespero, buscar a redenção, ou pelo menos o descanso, num sonho de pertencimento. Mas também se pode fazer desse fato de não ter escolha uma vocação, uma missão, um destino conscientemente escolhido – ainda mais pelos benefícios que tal decisão pode trazer para os que a tomam e a levam a cabo, e pelos prováveis benefícios que estes podem então oferecer a outras pessoas.

Ludwig Wittgenstein fez a famosa declaração de que os melhores lugares para se resolver problemas filosóficos são as estações de trem (lembremo-nos de que ele não teve, em primeira mão, a experiência dos aeroportos...). Um dos maiores nomes da longa relação de refinados escritores de língua espanhola, Juan Goytisolo, que andou por Paris e pelos Estados Unidos até se estabelecer no Marrocos, resumiu a sua experiência de vida observando que "a intimidade e a distância criam uma situação privilegiada. Ambas são necessárias." Jacques Derrida, um dos mais importantes filósofos de nossa era líquido-moderna, em exílio perpétuo desde que o governo de Vichy o expulsou da escola de sua cidade francesa, aos 12 anos, por ser judeu, construiu o seu impressionante lar filosófico, na opinião comum, sobre as "encruzilhadas culturais". George Steiner, um crítico cultural contundente e altamente perspicaz, apontou Samuel Beckett, Jorge Luis Borges e Vladimir Nabokov como os mais importantes escritores contemporâneos. O que unia, a seu ver, esses três autores em tudo mais distintos, colocando-os acima dos demais, era o fato de todos eles serem capazes de se movimentar com facilidade em vários universos linguísticos diferentes. Essa contínua transgressão de fronteiras lhes permitia espiar a inventividade e a engenhosidade humanas por trás das sólidas e solenes fachadas de credos aparentemente atemporais e intransponíveis, dando-lhes assim a coragem necessária para se incorporar intencionalmente à criação cultural, conscientes dos riscos e armadilhas que sabidamente cercam todas as expansões ilimitadas.

Sobre Georg Simmel – com quem aprendi mais que com qualquer outro sociólogo e cuja forma de fazer sociologia tem sido para mim (e, creio eu, sempre será) o derradeiro (embora, infelizmente, inatingível) ideal –, Kracauer comentou corretamente que um dos objetivos fundamentais que orientaram o trabalho de sua vida foi "livrar todo o fenômeno *geistig* [espiritual, intelectual] do seu falso ser-em-si e mostrar como ele está embutido no contexto mais amplo da vida". No centro da visão de Simmel, e portanto do seu mundo e da compreensão que ele tinha de seu próprio lugar nesse mundo, sempre esteve o ser humano como indivíduo – "considerado portador de cultura e um ser *geistig* maduro, agindo e avaliando no controle total dos poderes de sua alma e ligado aos outros seres humanos na ação e no sentimento coletivos". Se você fica me instigando a declarar a minha identidade (ou seja, o meu "eu postulado", o horizonte em direção ao qual eu me empenho e pelo qual eu avalio, censuro e corrijo os meus movimentos), esse é o máximo a que me pode levar. Só consigo ir até aí...

BENEDETTO VECCHI Na imaginação sociológica, a identidade é sempre algo muito evasivo e escorregadio, quase um a priori, ou seja, uma realidade preexistente. Por exemplo, para Émile Durkheim, as identidades coletivas sempre permanecem como pano de fundo, mas não há dúvida de que, em seu livro mais famoso, *A divisão social do trabalho*, essa divisão é um elemento contraditório. Por um lado, ela coloca em risco os vínculos sociais, mas ao mesmo tempo atua como fator de estabilização na transição para a criação de uma nova ordem social. Entretanto, em seu arcabouço analítico, a identidade deve ser considerada um objetivo, um propósito, em vez de um fator predefinido. Qual a sua opinião?

Minha opinião é igual à sua... Sim, de fato, a "identidade" só nos é revelada como algo a ser inventado, e não descoberto; como alvo de um esforço, "um objetivo"; como uma coisa que ainda se precisa construir a partir do zero ou escolher entre alternativas e então lutar por ela e protegê-la lutando ainda mais – mesmo que, para que essa luta seja vitoriosa, a verdade sobre a condição precária e eternamente inconclusa da identidade deva ser, e tenda a ser, suprimida e laboriosamente oculta.

Atualmente, é mais difícil esconder essa verdade do que no início da era moderna. As forças mais determinadas a ocultá-la perderam o interesse, retiraram-se do campo de batalha e estão contentes com a tarefa de encontrar ou construir uma identidade para nós, homens e mulheres, individual ou separadamente, e não conjuntamente. A fragilidade e a condição eternamente provisória da identidade não podem mais ser ocultadas. O segredo foi revelado. Mas esse é um fato novo, muito recente.

De modo que eu fico imaginando se é justo pedir aos pais espirituais da sociologia, sejam eles Weber ou Durkheim, ou mesmo Simmel, que foi mais sagaz e mais à frente do seu tempo do que todos os demais, que nos instruam sobre o que é e como refletir sobre um tema que irrompeu em nossa consciência compartilhada e lá se estabeleceu muito depois de eles terem morrido. Todos eles se envolveram numa conversa com problemas, preocupações e tribulações dos homens e mulheres do seu tempo (a profundidade, a convicção e a dedicação desse envolvimento foram a sua verdadeira grandeza e o seu mais importante legado à sociologia posterior). A "identidade" não se destacava em meio a essas preocupações. Suponho que, caso tivessem dirigido os seus ouvidos – finamente sintonizados com os grandes problemas do seu tempo, quaisquer que fossem – para o nosso tipo de sociedade, que estava para nascer quase um século mais tarde, teriam considerado a súbita centralidade do "problema da identidade", tanto nos debates intelectuais quanto na consciência comum, um dilema sociológico dos mais intrigantes.

É realmente um dilema e um desafio para a sociologia – se você se lembrar de que, há apenas algumas décadas, a "identidade" não estava nem perto do centro do nosso debate, permanecendo unicamente um objeto de meditação filosófica. Atualmente, no entanto, a "identidade" é o "papo do momento", um assunto de extrema importância e em evidência. Esse súbito fascínio pela identidade, e não ela mesma, é que atrairia a atenção dos clássicos da sociologia, caso tivessem vivido o suficiente para confrontá-lo. É provável que conseguissem uma pista com Martin Heidegger (mas não estavam mais entre nós quando ela foi oferecida): você só tende a perceber as coisas e colocá-las no foco do seu olhar perscrutador e de sua contemplação quando elas se desvanecem, fracassam, começam a se comportar estranhamente ou o decepcionam de alguma outra forma.

Pouco antes de a última guerra mundial irromper, realizou-se um censo na minha Polônia natal, então uma sociedade multiétnica. Certas partes do país eram habitadas por uma inusitada mistura de grupos étnicos, credos religiosos, línguas e costumes. Dar uma nova feição a essa mistura, por meio da conversão e assimilação forçadas, numa nação uniforme ou quase uniforme segundo, digamos, o modelo francês, talvez fosse um objetivo energicamente perseguido por uma parte da elite política polonesa, mas de maneira alguma um propósito universalmente aceito e consistentemente apoiado, muito menos um projeto próximo de sua conclusão.

Como seria previsível num Estado moderno, os funcionários do censo foram, não obstante, treinados a esperar que para cada ser humano houvesse uma nação a que ele ou ela pertencesse. Foram instruídos a coletar informações sobre a autoidentificação nacional de todos os indivíduos do Estado polonês (hoje se diria: "sua identidade étnica ou nacional"). Em cerca de um milhão de casos os funcionários falharam: os entrevistados simplesmente não entendiam o que era uma "nação" nem o que significava "ter uma nacionalidade". Apesar das pressões – ameaças de multa combinadas com esforços verdadeiramente excepcionais no intuito de explicar o significado de "nacionalidade" –, eles se atinham teimosamente às únicas respostas que lhes faziam sentido: "somos daqui", "somos deste lugar", "pertencemos a este lugar". Por fim, os administradores do censo tiveram de se render e acrescentaram "pessoas do lugar" à lista oficial de nacionalidades.

O caso da Polônia não é absolutamente singular, nem seria o último desse tipo a ser registrado. Alguns anos depois, uma pesquisa realizada na França mostrou que, após dois séculos de um persistente processo de construção nacional, "*le pays*", para muitos camponeses, tinha apenas 20 quilômetros de diâmetro, podendo ser cinco quilômetros maior ou menor do que isso... Como apontou recentemente Phillippe Robert, "durante a maior parte da história das sociedades humanas, as relações sociais têm se mantido firmemente concentradas nos domínios da proximidade".[2] Lembre-se de que, no século XVIII, a viagem de, digamos, Paris a Marselha durava tanto tempo quanto na época do Império Romano. Para a maioria das pessoas, a "sociedade", entendida como a maior totalidade da coabitação humana (se é que elas pensavam nesses termos), era igual à vizinhança adjacente. "Podia-se falar de uma sociedade de conhecimento mútuo", sugere Robert. No interior dessa rede de familiaridade do berço ao túmulo, o lugar de cada pessoa era evidente demais para ser avaliado, que dirá negociado. A falta de clareza em tais assuntos (como no caso das relativamente poucas "pessoas sem senhor" que vagavam por estradas igualmente sem dono por não encontrarem meios de subsistência em suas comunidades nativas) era um fenômeno secundário e uma preocupação menor, facilmente enfrentada e resolvida por medidas *ad hoc* segundo as regras do *maréchaussé*, o corpo de agentes montados que constituiu a primeira força policial da história moderna. Foram necessárias a lenta desintegração e a redução do poder aglutinador das vizinhanças, complementadas pela revolução dos transportes, para limpar a área, possibilitando o nascimento da identidade – como *problema* e, acima de tudo, como *tarefa*. As margens incharam rapidamente, invadindo as áreas centrais da coabitação humana. De súbito, era preciso colocar a questão da identidade, já que nenhuma resposta óbvia se oferecia.

O nascente Estado moderno, que enfrentou a necessidade de criar uma ordem não mais reproduzida automaticamente pelas "sociedades de familiaridade mútua", bem estabelecidas e firmemente consolidadas, incorporou essa questão e a apresentou em seu trabalho de estabelecer os alicerces de suas novas e desconhecidas pretensões à legitimidade. Parecia natural supor que, em seguida à rápida expansão, o "problema da identidade" seria mais bem confrontado por uma expansão paralela dos ofícios de monitoramento da ordem, tais como os praticados e testados pelo *maréchaussé*. O Estado-nação, como observou Giorgio Agamben, é um Estado que faz da "natividade ou nascimento" o "alicerce de sua própria soberania". "A ficção aqui implícita", destaca, "é que o *nascimento* [*nascita*] vem à luz imediatamente como *nação*, de modo que não pode haver diferença alguma entre os dois momentos."[3] Os infelizes alvos do questionário do censo polonês simplesmente deixaram de assimilar essa ficção como um "fato inquestionável" autoevidente. Ficaram atônitos quando lhes disseram que todos não só deviam ter uma "identidade nacional" como podiam ser indagados a respeito de sua nacionalidade.

Não que se tratasse de pessoas particularmente obtusas e de imaginação limitada. Afinal de contas, perguntar "quem você é" só faz sentido se você acredita que possa ser outra coisa além de você mesmo; só se você tem uma escolha, e só se o que você escolhe depende de você; ou seja, só se você tem de fazer alguma coisa para que a escolha seja "real" e se sustente. Mas foi justamente isso que não ocorreu aos moradores das aldeias atrasadas e dos povoados da floresta – que nunca tiveram a oportunidade de pensar em mudar de lugar, muito menos procurar, descobrir ou inventar algo tão nebuloso (na verdade, tão impensável) como uma "outra identidade". Sua forma de estar no mundo eliminava da questão da "identidade" o significado tornado óbvio por outros modos de vida – modos que nossos usos linguísticos nos estimulam a chamar de "modernos".

Jorge Luis Borges descreveria a difícil situação dos cidadãos "locais" importunados como um caso de pessoas apresentadas a uma tarefa "que não é proibida para outros homens, mas proibida para elas" – tal como aconteceu a Averróis quando tentou traduzir Aristóteles para o árabe. "Confinado ao círculo do islã" e assim "tentando imaginar o que é uma peça teatral sem jamais ter suspeitado do que fosse um teatro", Averróis "jamais poderia conhecer o significado da *tragédia* e da *comédia*."[4]

A ideia de "identidade", e particularmente de "identidade nacional", não foi "naturalmente" gestada e incubada na experiência humana, não emergiu dessa experiência como um "fato da vida" autoevidente. Essa ideia foi *forçada* a entrar na *Lebenswelt* de homens e mulheres modernos – e chegou como uma *ficção*. Ela se solidificou num "fato", num "dado", precisamente porque tinha sido uma *ficção*, e graças à brecha dolorosamente sentida que se estendeu entre aquilo que essa ideia sugeria, insinuava ou impelia, e ao *status quo ante* (o estado de coisas que precede a intervenção humana, portanto inocente em relação a esta). *A ideia de "identidade" nasceu da crise do pertencimento* e do esforço que esta desencadeou no sentido de transpor a brecha entre o "deve" e o "é" e erguer a realidade ao nível dos padrões estabelecidos pela ideia – recriar a realidade à semelhança da ideia.

A identidade só poderia ingressar na *Lebenswelt* como uma tarefa – *uma tarefa ainda não realizada, incompleta*, um estímulo, um dever e um ímpeto à ação. E o nascente Estado moderno fez o necessário para tornar esse dever obrigatório a todas as pessoas que se encontravam no interior de sua soberania territorial. Nascida como ficção, a identidade precisava de muita coerção e convencimento para se consolidar e se concretizar numa realidade (mais corretamente: na única realidade imaginável) – e a história do nascimento e da maturação do Estado moderno foi permeada por ambos.

A ficção da "natividade do nascimento" desempenhou o papel principal entre as fórmulas empregadas pelo nascente Estado moderno para legitimar a exigência de subordinação incondicional de seus indivíduos (de alguma forma, curiosamente, desprezada por Max Weber em sua tipologia das legitimações). Estado e nação precisavam um do outro. Seu casamento, alguém poderia dizer, foi oficiado no céu... O Estado buscava a obediência de seus indivíduos representando-se como a concretização do futuro da nação e a garantia de sua continuidade. Por outro lado, uma nação sem Estado estaria destinada a ser insegura sobre o seu passado, incerta sobre o seu presente e duvidosa de seu futuro, e assim fadada a uma existência precária. Não fosse o poder do Estado de definir, classificar, segregar, separar e selecionar, o agregado de tradições, dialetos, leis consuetudinárias e modos de vida locais, dificilmente seria remodelado em algo como os requisitos de unidade e coesão da comunidade nacional. Se o Estado era a concretização do futuro da nação, era também uma condição necessária para haver uma nação proclamando – em voz alta, confiante e de modo eficaz – um destino compartilhado. A regra *cuius regio, eius natio* (quem governa decide a nacionalidade) é de mão dupla...

A "identidade nacional" foi desde o início, e continuou sendo por muito tempo, uma noção *agonística* e um grito de guerra. Uma comunidade nacional coesa sobrepondo-se ao agregado de indivíduos do Estado estava destinada a permanecer não só perpetuamente incompleta, mas eternamente precária – um *projeto* a exigir uma vigilância contínua, um esforço gigantesco e o emprego de boa dose de força a fim de assegurar que a exigência fosse ouvida e obedecida (Ernest Renan chamou a nação de "um plebiscito diário" – apesar de estar falando da experiência do Estado francês, conhecido desde a era napoleônica por suas ambições notavelmente centralizadoras). Nenhuma dessas condições seria atendida não fosse pela superposição do território domiciliar com a soberania indivisível do Estado – que, como sugere Agamben (seguindo Carl Schmitt), consiste antes de mais nada no poder de *exclusão*. Sua *raison d'être* era traçar, impor e policiar a fronteira entre "nós" e "eles". O "pertencimento" teria perdido o seu brilho e o seu poder de sedução, junto com a sua função integradora/disciplinadora, se não fosse constantemente seletivo nem alimentado e revigorado pela ameaça e prática da exclusão. A identidade *nacional*, permita-me acrescentar, nunca foi como as outras identidades. Diferentemente delas, que não exigiam adesão inequívoca e fidelidade exclusiva, a identidade nacional não reconhecia competidores, muito menos opositores. Cuidadosamente construída pelo Estado e suas forças (ou "governos à sombra" ou "governos no exílio" no caso de nações aspirantes – "nações *in spe*", apenas clamando por um Estado próprio), a identidade nacional objetivava o direito monopolista de traçar a fronteira entre "nós" e "eles". À falta do monopólio, os Estados tentaram assumir a incontestável posição de supremas cortes passando sentenças vinculantes e sem apelação sobre as reivindicações de identidades litigantes.

Tal como as leis dos Estados passaram por cima de todas as formas de justiça consuetudinária, tornando-as nulas e inválidas em casos de conflito, a identidade nacional só permitiria ou toleraria essas outras identidades se elas não fossem suspeitas de colidir (fosse em princípio ou ocasionalmente) com a irrestrita prioridade da lealdade nacional. Ser indivíduo de um Estado era a única característica confirmada pelas autoridades nas carteiras de identidade e nos passaportes. Outras identidades, "menores", eram incentivadas e/ou forçadas a buscar o endosso-seguido-de-proteção dos órgãos autorizados pelo Estado, e assim confirmar indiretamente a superioridade da "identidade nacional" com base em decretos imperiais ou republicanos, diplomas estatais e certificados endossados pelo Estado. Se você fosse ou pretendesse ser outra coisa qualquer, as "instituições adequadas" do Estado é que teriam a palavra final. Uma identidade não certificada era uma fraude. Seu portador, um impostor – um vigarista.

A severidade das exigências era um reflexo da endêmica e incurável precariedade do trabalho de construir e manter a nação. Permitam-me repetir: a "naturalidade" do pressuposto de que "pertencer-por-nascimento" significava, automática e inequivocamente, pertencer a uma *nação* foi uma convenção arduamente construída – a aparência de "naturalidade" era tudo, menos "natural". Diferentemente das "minissociedades de familiaridade mútua" – as localidades em que a maioria dos homens e mulheres da era pré-moderna e pré-mobilidade passavam suas vidas do berço ao túmulo –, a "nação" foi uma entidade imaginada que só poderia ingressar na *Lebenswelt* se fosse mediada pelo artifício de um conceito. A aparência de naturalidade, e assim também a credibilidade do pertencimento declarado, só podia ser um produto final de antigas batalhas postergadas. E a sua perpetuação não podia ser garantida a não ser por meio de batalhas ainda por vir.

Na Itália, vocês devem saber muito bem disso... Dois séculos depois da vitória do Risorgimento, a Itália dificilmente poderia ser considerada um país com uma só língua e interesses locais plenamente integrados. Em muitas ocasiões se faz um apelo a que se reconheça que os interesses locais se sobreponham aos vínculos nacionais (acusados de serem artificiais). A prioridade da identidade nacional ainda é, tal como antes da unificação, uma questão em aberto e calorosamente contestada. Como Jonathan Matthew Schwartz adequadamente observa, em vez de o todo ser maior que a soma das partes (como insistia Durkheim, acreditando que o poder do Estado concretizaria as ambições deste), "o todo imaginado é de fato mais irreal do que a soma das partes".[5]

Quem decerto assume certa distância dessa formulação é Georg Simmel. Nos seus ensaios sobre as formas de vida nas metrópoles e o conflito na sociedade moderna, a identidade é mencionada precisamente como uma representação de instituições como a Família, o Estado, a Igreja, que são – numa perspectiva kantiana – os a priori da vida social. Nesse caso, o elemento da identidade está quase desintegrado pela moderna sociedade de massa. De fato, Simmel tende a se concentrar nas formas de vida que emergiram com a dissolução das ordens estabelecidas. Entretanto, se confrontarmos as análises do sociólogo alemão com as de Durkheim, a identidade é um elemento secundário na análise da realidade. Você não concorda?

Repito o que afirmei anteriormente: há razões importantes para *não* buscar respostas a nossos "problemas de identidade" no trabalho dos fundadores, mesmo nos de Georg Simmel, que, devido às peculiaridades de sua biografia, pôde vislumbrar o tipo de condição existencial que só muito mais tarde se tornaria o destino – bênção ou maldição – de todos.

A principal razão pela qual os pais fundadores da sociologia moderna não podem responder às perguntas surgidas a partir de nossa difícil situação presente é que, se cem ou mais anos atrás o "problema da identidade" foi moldado pela vigência de um princípio de *cuius regio, eius natio*, os atuais "problemas de identidade" se originam, pelo contrário, do *abandono* daquele princípio ou do pouco empenho na sua aplicação e da ineficácia de seu fomento onde isso é tentado. Quando a identidade perde as âncoras *sociais* que a faziam parecer "natural", predeterminada e inegociável, a "identificação" se torna cada vez mais importante para os indivíduos que buscam desesperadamente um "nós" a que possam pedir acesso. Como afirma Lars Dencik, a partir da experiência escandinava:

> As afiliações sociais – mais ou menos herdadas – que são tradicionalmente atribuídas aos indivíduos como definição de identidade: raça... gênero, país ou local de nascimento, família e classe social agora estão... se tornando menos importantes, diluídas e alteradas nos países mais avançados do ponto de vista tecnológico e econômico. Ao mesmo tempo, há a ânsia e as tentativas de encontrar ou criar novos grupos com os quais se vivencie o pertencimento e que possam facilitar a construção da identidade. Segue-se a isso um crescente sentimento de insegurança...[6]

Permita-me assinalar já neste estágio (esperando por uma oportunidade posterior de abordar o assunto com mais detalhes, como ele merece) que os "grupos" que os indivíduos destituídos pelas estruturas de referência ortodoxas "tentam encontrar ou estabelecer" hoje em dia tendem a ser eletronicamente mediados, frágeis "totalidades virtuais", em que é fácil entrar e ser abandonado. Dificilmente poderiam ser um substituto válido das formas sólidas – com a pretensão de ser ainda mais sólidas – de convívio que, graças à solidez genuína ou suposta, podiam prometer aquele reconfortante (ainda que ilusório ou fraudulento) "sentimento do nós" – que não é oferecido quando se está "surfando na rede". Citando Clifford Stoll, viciado confesso em internet, embora hoje curado e recuperado: absortos em perseguir e capturar as ofertas do tipo "entre agora" que piscam nas telas de computador, estamos perdendo a capacidade de estabelecer interações espontâneas com pessoas reais.[7] Charles Handy, teórico da administração, concorda: "Engraçadas podem ser, essas comunidades virtuais, mas elas criam apenas uma ilusão de intimidade e um simulacro de comunidade."[8] Não podem ser um substituto válido de "sentar-se a uma mesa, olhar o rosto das pessoas e ter uma conversa real". Tampouco podem essas "comunidades virtuais" dar substância à identidade pessoal – a razão básica para procurá-las. Pelo contrário, elas tornam mais difícil para a pessoa chegar a um acordo com o próprio eu.

Nas palavras de Andy Hargreaves, professor de educação e observador singularmente perspicaz da cena cultural contemporânea:

> Em aeroportos e outros espaços públicos, pessoas com telefones celulares equipados com fones de ouvido ficam andando para lá e para cá, falando sozinhas e em voz alta, como esquizofrênicos paranoicos, cegas ao ambiente ao seu redor. A introspecção é uma atitude em extinção. Defrontadas com momentos de solidão em seus carros, na rua ou nos caixas de supermercados, mais e mais pessoas deixam de se entregar a seus pensamentos para, em vez

disso, verificarem as mensagens deixadas no celular em busca de algum fiapo de evidência de que alguém, em algum lugar, possa desejá-las ou precisar delas.[9]

Os vagabundos de Georg Simmel, perambulando pelas ruas das cidades, eram conhecidos por sua atitude *blasé*. Mas não portavam telefones celulares com fones de ouvido. Tal como nós, podiam ser ávidos espectadores dos dramas urbanos que ocorrem nas ruas, mas entravam nesse teatro sem se juntarem à companhia. Distanciavam-se daquilo que viam e observavam. Mas não era fácil para eles distanciar-se do palco em que o drama se desenrolava: a proximidade física podia ser facilmente confundida com a proximidade espiritual. Erving Goffman tentou reunir um inventário dos estratagemas daquilo que chamou de "desatenção civil" – a grande quantidade de pequenos, mas intrincados, gestos e movimentos invisíveis aos quais todos nós trivialmente recorremos quando, de alguma forma, nos vemos entre desconhecidos, e que sinalizam nossa intenção de permanecermos isolados, não envolvidos, na companhia de nós mesmos. Os vagabundos urbanos de Simmel, como posteriormente os *flâneurs* de Baudelaire/Foucault e os praticantes da arte da desatenção civil de Goffman, não perambulavam pelas ruas da cidade em busca de uma comunidade com a qual pudessem se identificar. A corporificação comunal da identidade, contudo, os "alguéns" que "os desejavam e precisavam deles", e aos quais retribuíam esses sentimentos, estavam esperando por eles, sedentários e de certa forma prontos para servirem e serem usados, no abrigo seguro de seus lares ou locais de trabalho.

É nisso que nós, habitantes do líquido mundo moderno, somos diferentes. Buscamos, construímos e mantemos as referências comunais de nossas identidades *em movimento* – lutando para nos juntarmos aos grupos igualmente móveis e velozes que procuramos, construímos e tentamos manter vivos por um momento, mas não por muito tempo. Para isso, não precisamos estudar e dominar o código de Goffman. Os celulares são suficientes. Podemos comprá-los, junto com todas as habilidades de que possamos precisar para esse fim, numa loja da principal rua do centro da cidade. Com os fones de ouvido devidamente ajustados, exibimos nossa indiferença em relação à rua em que caminhamos, não mais precisando de uma etiqueta rebuscada. Ligados no celular, desligamo-nos da vida. A proximidade física não se choca mais com a distância espiritual.

Com o mundo se movendo em alta velocidade e em constante aceleração, você não pode mais confiar na pretensa utilidade dessas estruturas de referência com base na sua suposta durabilidade (para não dizer atemporalidade!). Na verdade, você não confia nelas nem precisa delas. Essas estruturas não incluem facilmente novos conteúdos. Logo se mostrariam muito desconfortáveis e incontroláveis para acomodar todas as identidades novas, inexploradas e não experimentadas que se encontram tentadoramente ao nosso alcance, cada qual oferecendo benefícios emocionantes, pois desconhecidos e promissores, pois até agora não depreciados. Rígidas e pegajosas, também é difícil livrar essas estruturas dos velhos conteúdos quando chega a sua "data de validade". No admirável mundo novo das oportunidades fugazes e das seguranças frágeis, as identidades ao estilo antigo, rígidas e inegociáveis, simplesmente não funcionam.

A sabedoria popular foi rápida em perceber os novos requisitos, e prontamente ridicularizou a sabedoria aceita, obviamente incapaz de atendê-los. Em 1994, um cartaz espalhado pelas ruas de Berlim ridicularizava a lealdade a estruturas que não eram mais capazes de conter as realidades do mundo: "Seu Cristo é judeu. Seu carro é japonês. Sua pizza é italiana. Sua democracia, grega. Seu café, brasileiro. Seu feriado, turco. Seus algarismos, arábicos. Suas letras, latinas. Só o seu vizinho é estrangeiro."[10] Na Polônia da era da construção nacional, as crianças costumavam ser treinadas a dar as seguintes respostas a perguntas sobre identidade: Quem é você? Um pequeno polonês. Qual é o seu signo? A Águia Branca. As respostas de hoje, sugere Monika Kostera, ilustre socióloga da cultura contemporânea, seriam diferentes: Quem é você? Um homem simpático na casa dos 40 com senso de humor. Qual é o seu signo? Gêmeos.[11] O cartaz de Berlim traz implícita a globalização, ao passo que a mudança na provável resposta à pergunta "quem é você?" sinaliza o colapso da hierarquia (genuína ou postulada) das identidades. Os dois fenômenos são estreitamente correlacionados.

Globalização significa que o Estado não tem mais o poder ou o desejo de manter uma união sólida e inabalável com a nação. Flertes extraconjugais e até casos de adultério são ao mesmo tempo inevitáveis e toleráveis, muitas vezes ávida e entusiasticamente obtidos (seguindo as condições preliminares estabelecidas para a sua admissão no "mundo livre" – primeiramente a Organização para a Cooperação e Desenvolvimento Econômicos (OCDE), depois a União Europeia –, os países da Europa Centro-Oriental têm aberto os ativos nacionais ao capital global e derrubado todas as barreiras ao livre fluxo das finanças internacionais). Tendo transferido a maior parte de suas tarefas intensivas em mão de obra e capital aos mercados globais, os Estados têm muito menos necessidade de suprimentos de fervor patriótico. Até mesmo o patriotismo, o ativo mais zelosamente preservado pelos Estados-nações modernos, foi transferido às forças do mercado e por elas remodelado para aumentar os lucros dos promotores do esporte, do *show business*, de festividades comemorativas e da indústria da *memorabilia*. No outro extremo, as pessoas em busca de identidade encontram pouca segurança, para não falar em plenas garantias, dos poderes do Estado, o qual reteve apenas minguados remanescentes de uma soberania territorial que um dia já foi indomável e indivisível. Recordando a famosa tríade de direitos de Thomas Marshall: os direitos econômicos agora estão fora das mãos do Estado, os direitos políticos que ele pode oferecer são estritamente limitados e circunscritos àquilo que Pierre Bourdieu batizou de *pensée unique* do livre mercado neoliberal plenamente desregulado, enquanto os direitos sociais são substituídos um a um pelo dever individual do cuidado consigo mesmo e de garantir a si mesmo vantagem sobre os demais.

E assim ambos os parceiros no casamento do Estado-nação se mostraram cada vez mais indiferentes com relação à união e deixam-se levar, de modo lento mas constante, na direção do novo padrão político dos CSS ("casais semisseparados"), que agora está na moda.

Não mais monitorados e protegidos, cobertos e revigorados por instituições em busca de monopólio – expostas, em vez disso, ao livre jogo de forças concorrentes –, quaisquer hierarquias ou graus de identidades, e particularmente os sólidos e duráveis, não são nem procurados nem fáceis de construir. As principais razões de as identidades serem estritamente definidas e desprovidas de ambiguidade (tão bem definidas e inequívocas quanto a soberania territorial do Estado), e de manterem o mesmo formato reconhecível ao longo do tempo, desapareceram ou perderam muito do poder constrangedor que um dia tiveram. As identidades ganharam livre curso, e agora cabe a cada indivíduo, homem ou mulher, capturá-las em pleno voo, usando os seus próprios recursos e ferramentas.

O anseio por identidade vem do desejo de segurança, ele próprio um sentimento ambíguo. Embora possa parecer estimulante no curto prazo, cheio de promessas e premonições vagas de uma experiência ainda não vivenciada, flutuar sem apoio num espaço pouco definido, num lugar teimosamente, perturbadoramente, "nem-um-nem-outro", torna-se a longo prazo uma condição enervante e produtora de ansiedade. Por outro lado, uma posição fixa dentro de uma infinidade de possibilidades também não é uma perspectiva atraente. Em nossa época líquido-moderna, em que o indivíduo livremente flutuante, desimpedido, é o herói popular, "estar fixo" – ser "identificado" de modo inflexível e sem alternativa – é algo cada vez mais malvisto.

Na coluna "Viver" de um dos mais prestigiados jornais ingleses, podiam-se ler poucos meses atrás as palavras de um respeitado "especialista em relacionamentos" informando que "ao se comprometerem, ainda que sem entusiasmo, lembrem-se de que possivelmente estarão fechando a porta a outras possibilidades românticas talvez mais satisfatórias e completas". Outro especialista mostrou-se ainda mais insensível: "A longo prazo, as promessas de compromisso são irrelevantes... Como outros investimentos, elas alternam períodos de alta e baixa." E assim, se você deseja "relacionar-se" ou "pertencer" por motivo de segurança, mantenha distância. Se espera e deseja realizar-se com o convívio, não assuma nem exija compromissos. Deixe todas as portas sempre abertas.

A abundância dos compromissos oferecidos, mas principalmente a fragilidade de cada um deles, não inspira confiança em investimentos de longo prazo no nível das relações pessoais ou íntimas. Tampouco inspira confiança no local de trabalho, onde o *status* social costumava ser definido, onde a vida continua a ser ganha e os direitos de dignidade e respeito social continuam a ser obtidos ou perdidos. Num artigo recente, Richard Sennett assinala que "um local de trabalho flexível provavelmente não seria o lugar onde alguém desejaria construir um ninho".[12] Ao mesmo tempo, com a duração média do contrato de trabalho ("projeto") nas mais avançadas empresas de alta tecnologia em lugares como o admirado Vale do Silício girando em torno de oito meses, a solidariedade de grupo que costumava fornecer o campo para o desenvolvimento da democracia não tem tempo para fincar raízes e amadurecer. Há poucos motivos para se esperar que a lealdade de uma pessoa ao grupo ou organização seja retribuída. É insensato ("irracional") oferecer tal lealdade a crédito quando é improvável que ela seja recompensada.

Resumindo: "identificar-se com..." significa dar abrigo a um destino desconhecido que não se pode influenciar, muito menos controlar. Assim, talvez seja mais prudente portar identidades na forma como Richard Baxter, pregador puritano citado por Max Weber, propôs que fossem usadas as riquezas mundanas: como um manto leve pronto a ser despido a qualquer momento. Lugares em que o sentimento de pertencimento era tradicionalmente investido (trabalho, família, vizinhança) são indisponíveis ou indignos de confiança, de modo que é improvável que façam calar a sede por convívio ou aplaquem o medo da solidão e do abandono. Daí a crescente demanda pelo que poderíamos chamar de "comunidades guarda-roupa" – invocadas a existirem, ainda que apenas na aparência, por pendurarem os problemas individuais, como fazem os frequentadores de teatros, numa sala. Qualquer evento espetacular ou escandaloso pode se tornar um pretexto para fazê-lo: um novo inimigo público elevado à posição de número 1; uma empolgante partida de futebol; um crime particularmente "fotogênico", inteligente ou cruel; a primeira sessão de um filme altamente badalado; ou o casamento, divórcio ou infortúnio de uma celebridade atualmente em evidência. As comunidades guarda-roupa são reunidas enquanto dura o espetáculo e prontamente desfeitas quando os espectadores apanham os seus casacos nos cabides. Suas vantagens em relação à "coisa genuína" são precisamente a curta duração de seu ciclo de vida e a precariedade do compromisso necessário para ingressar nelas e (embora por breve tempo) aproveitá-las. Mas elas diferem da sonhada comunidade calorosa e solidária da mesma forma que as cópias em massa vendidas nas lojas de departamentos diferem dos originais produzidos pela alta-costura...

Quando a qualidade o deixa na mão ou não está disponível, você tende a procurar a redenção na quantidade. Se os compromissos, incluindo aqueles em relação a uma identidade particular, são "insignificantes" (como o especialista anteriormente citado proclamou com autoridade), você tende a trocar uma identidade, escolhida de uma vez para sempre, por uma "rede de conexões". Tendo feito isso, contudo, assumir um compromisso e torná-lo seguro parece muito mais difícil (e assim mais desconcertante, até mesmo assustador) do que antes. Agora lhe faltam as habilidades que o fariam, ou pelo menos poderiam fazê-lo, funcionar. Estar em movimento, antes um privilégio e uma conquista, não é mais, portanto, uma questão de escolha: agora se tornou um "*must*". Manter-se em alta velocidade, antes uma divertida aventura, transforma-se em uma tarefa exaustiva. O que é mais importante, aquela incerteza desagradável e aquela confusão aflitiva, das quais você pensava ter se livrado graças à velocidade, se recusam a abandoná-lo. A facilidade do desengajamento e do rompimento não reduz os riscos, apenas os distribui, junto com as ansiedades que exalam, de modo diferente. Em nosso mundo de "individualização" em excesso, as identidades são bênçãos ambíguas. Oscilam entre o sonho e o pesadelo, e não há como dizer quando um se transforma no outro. Na maior parte do tempo, essas duas modalidades líquido-modernas de identidade coabitam, mesmo que localizadas em diferentes níveis de consciência. Num ambiente de vida líquido-moderno, as identidades talvez sejam as encarnações mais comuns, mais aguçadas, mais profundamente sentidas e perturbadoras da *ambivalência*. É por isso, diria eu, que estão firmemente assentadas no próprio cerne da atenção dos indivíduos líquido-modernos e colocadas no topo de seus debates existenciais.

Durante os primeiros 20 anos do século XX, a análise marxista das classes sociais floresceu. De Gyorgy Lukács a Walter Benjamin, muitos intelectuais marxistas se colocam questões sobre a relação entre congregação social e consciência social. Nesse caso, também se pode dizer que a identidade é uma categoria que certamente não tem o direito à cidadania no pensamento. Talvez haja uma exceção: Lukács. Em *História e consciência de classe*, ele frequentemente se refere à proliferação das formas de vida, das maneiras de ser, como consequências da sociedade de massa. Mas é justamente por expressar uma falsa consciência que, na esquerda marxista, a identidade se apresenta como problema pela primeira vez. O que você pensa disso?

A forma assumida pelo "marxismo intelectual" que arrebatou os centros acadêmicos da Europa e dos EUA no final da década de

1960 era profundamente "economicista" e, em muitos casos, gravemente reducionista. Na década de 1970, que, como Peter Beilharz ressaltou corretamente, foi "provavelmente o apogeu do marxismo intelectual no Ocidente", "a política, a ideologia e a cidadania foram deslocadas ou vistas como efeitos do motor básico do desenvolvimento e colapso do capitalismo".[13] Não precisava ser assim. Marx (mais uma vez citando Beilharz) foi, afinal de contas, "em primeiro lugar um liberal que só com o tempo acabou mudando o seu foco da pobreza e da imagem resultante do cidadão para o conceito mais consistente de exploração, em que a silhueta implicitamente masculina do proletário substitui a do cidadão". Assim, a redução da teoria marxista predominante à figura principal do determinismo econômico poderia não ter sido inevitável, mas na sua época era, poder-se-ia dizer, "sobredeterminada". Uma imagem mais sutil, repleta de nuances e "multifatorial" da sociedade não estava de acordo com a perspectiva da época. Foi justamente a abrangência de uma explicação totalizante, baseada num único fator, para um sofrimento, uma inquietude e uma ansiedade tão desconcertantemente diversos – que só uma versão truncada, reducionista e unidimensional do legado de Marx poderia dar – que atraiu uma geração perplexa e confundida por ondas de descontentamento que não poderiam ser previstas ou explicadas pelas teorias-padrão de desenvolvimento, progresso e desenvolvimento progressivo. Havia um irresistível sentido de urgência, uma impaciência que só uma teoria capaz de ser engolida de uma só vez e imediatamente digerida poderia, ao menos por algum tempo, satisfazer. Essa provavelmente não foi a única causa (e com certeza não seria suficiente) do grande entusiasmo por uma versão seriamente empobrecida e simplificada (ou melhor, vulgarizada) da visão de Marx, mas podia ser vista como uma espécie de leito amplo de um rio ao qual muitas outras tendências conscientes e subconscientes podiam convergir, tornando-se afluentes.

É improvável que qualquer modelo com base num único fator seja capaz de dar conta da complexidade do "mundo em que se vive" e abranger a totalidade da experiência humana. Essa regra geral também se aplica à versão truncada, reduzida e retalhada do marxismo. Não foi essa, porém, a única razão pela qual a ascendência dessa versão acabou se revelando um episódio de curta duração que chegou a um fim abrupto ainda na década de 1980. Ainda mais importante foi a crescente brecha entre essa visão e as realidades em rápida mudança da era Reagan/Thatcher. A "silhueta masculina do proletário", que supostamente garantiria a "inevitabilidade histórica" "economicamente determinada", procurou em vão por um original ao qual pudesse se adequar. Em tempos de desregulamentação, terceirização internacionalizada, "subsidiariedade", desengajamento administrativo, defasagem das "fábricas fordistas", de uma nova "flexibilidade" dos padrões de emprego e rotinas de trabalho, e de um desmantelamento gradual mas implacável dos instrumentos de proteção e autodefesa dos trabalhadores, ter a expectativa de um recondicionamento da ordem social conduzido pelo proletariado e de um expurgo dos males sociais por este inspirado significa forçar a imaginação de maneira insustentável. Muitos pisos de fábricas e corredores de escritórios se tornaram palco de uma competição acirrada entre indivíduos lutando para que os chefes os percebam e os contemplem com um aceno de aprovação – em vez de serem, como no passado, estufas da solidariedade proletária na luta por uma sociedade melhor. Como descobriu Daniel Cohen, economista da Sorbonne, agora é a vez de cada empregado mostrar, por iniciativa própria, que é melhor do que a pessoa mais próxima, que está trazendo mais lucro para os acionistas da companhia, de modo que valeria a pena mantê-lo quando viesse, como deveria vir, uma nova rodada de "racionalização" (leia-se: mais demissões por excesso de pessoal). Estudos reveladores de Fitoussi e Rosanvallon, Boltanski e Chiapello confirmaram essa conclusão de maneira ampla e vigorosa.

Pierre Bourdieu e Richard Sennett explicaram por que o esfacelamento de cenários e rotinas anteriormente estáveis e a fragilidade recém-revelada até mesmo por empresas grandes e aparentemente sólidas não favorecem uma postura de união e solidariedade, além de evitar que problemas e ansiedades individuais se intensifiquem no conflito de classes. Como nos mostram Boltanski e Chiapello, os empregados se viram numa *cité par projets*, onde as perspectivas de emprego são confinadas a um único projeto atualmente em andamento. E entre as pessoas que vivem de um projeto para outro, pessoas cujos processos de vida são desmembrados numa sucessão de projetos de curta duração, não há tempo para que descontentamentos difusos se reduzam à busca por um mundo melhor... Tais pessoas prefeririam um *hoje diferente para cada um* a pensarem seriamente num *futuro melhor para todos*. Em meio ao esforço diário apenas para se manter à tona, não há espaço nem tempo para uma visão da "boa sociedade".

Levando-se tudo em consideração, as paredes e os pátios das fábricas não parecem mais suficientemente seguros como ações nas quais se possam investir as esperanças de uma mudança social radical. As estruturas das empresas capitalistas e as rotinas da mão de obra empregada, cada vez mais fragmentadas e voláteis, não parecem mais oferecer uma estrutura comum dentro da qual uma variedade de privações e injustiças sociais possa (muito menos tenda a) fundir-se, consolidar-se e solidificar-se num projeto de mudança. Também não servem como campos de treinamento em que seja possível formar e treinar colunas de combatentes para uma batalha iminente. Não existe um lar óbvio a ser compartilhado pelos descontentes sociais. Com o espectro de uma revolução proletária capitulando e dissipando-se, os ressentimentos sociais estão órfãos. Perderam a base comum sobre a qual era possível negociar e desenvolver objetivos e estratégias comuns. Cada categoria em desvantagem está agora por sua própria conta, abandonada aos próprios recursos e à própria engenhosidade.

Muitas dessas categorias em desvantagem responderam ao desafio. Os anos 1980 foram uma década de inventividade frenética. Novas bandeiras foram costuradas e erguidas, novos manifestos elaborados, novos cartazes concebidos e impressos.

Como a classe não mais oferecia um seguro para reivindicações discrepantes e difusas, o descontentamento social dissolveu-se num número indefinido de ressentimentos de grupos ou categorias, cada qual procurando a sua própria âncora social. Gênero, raça e heranças coloniais comuns pareceram ser os mais seguros e promissores. Cada um deles, porém, tinha uma luta para rivalizar com os poderes integradores da classe que um dia aspirou ao *status* de uma "metaidentidade" em paridade com aquela proclamada pela nacionalidade na era do Estado-nação: o *status* de uma supraidentidade, a mais geral, volumosa e onívora de todas, a identidade que emprestaria significado a todas as outras e as reduziria ao papel secundário e dependente de "exemplos" ou "casos especiais". Todas elas comportavam-se como se estivessem sozinhas em campanha, tratando as concorrentes como falsas aspirantes. Todas eram cegas, ou pelo menos desconfiadas ou francamente hostis, a reivindicações semelhantes de exclusividade declaradas e ouvidas por outros.

O "efeito imprevisto" disso foi uma fragmentação acelerada da dissensão social, uma progressiva desintegração do conflito social numa multiplicidade de confrontos intergrupais e numa proliferação de campos de batalha. Uma casualidade colateral das novas guerras por reconhecimento foi a ideia da "boa sociedade" – uma ideia que só podia despertar e captar a imaginação com a credibilidade trazida pela presença de um suposto mensageiro, considerado poderoso e determinado o bastante para incitar por meio da palavra. Mas naquele momento esse mensageiro não estava à vista. A ideia de um "mundo melhor", se é que surgiu, se encolheu diante da defesa de causas atuais relacionadas a grupos ou categorias. Ela permaneceu indiferente a outras privações e desvantagens e ficou muito longe de oferecer uma solução universal e abrangente para os problemas humanos.

Os mensageiros das novas visões pareciam, contudo, reagir com exagero à depreciação da preocupação com a injustiça econômica característica das visões relacionadas à classe. Sobre as raízes e os aspectos econômicos da miséria humana – o crescimento gritante e acelerado das desigualdades em termos de condições, oportunidades e perspectivas de vida, a pobreza crescente, o declínio da proteção aos meios de subsistência humanos, as discrepâncias na distribuição de riqueza e renda –, a maioria das novas visões se manteve num silêncio impertinente. A crítica de Richard Rorty aos militantes das novas "causas sociais" é tão pungente quanto precisa: eles preferem, afirma Rorty curto e grosso, "não falar sobre dinheiro".[14] Seu "principal inimigo [suposto] é um esquema mental e não um esquema de ajuste econômico". Consequentemente, a "esquerda cultural" a que todos pertencem "é incapaz de se engajar na política nacional". Para reingressar na arena política, ela "teria de falar mais sobre dinheiro, ainda que à custa de falar menos sobre estigma".

Suspeito de que por trás dessa grotesca cegueira à economia jaz a tendência descrita por Robert Reich como "a secessão do bem-sucedido": a renúncia à tarefa que os intelectuais que eram críticos sociais consideravam ser um dever seu em relação ao restante de seus contemporâneos, sobretudo os que eram menos privilegiados e felizes do que eles próprios. Não reconhecendo mais esse dever, os seus descendentes podem agora concentrar-se na sua própria situação, frágeis, sensíveis e irritados, lutando para elevar o respeito e a adulação de que gozam ao nível dos elevados ganhos econômicos que já obtiveram. São, obstinadamente, egocêntricos e autorreferentes.

A guerra por justiça social foi portanto reduzida a um excesso de batalhas por reconhecimento. "Reconhecimento" pode ser aquilo que mais faça falta a um ou outro grupo dos bem-sucedidos – a única coisa que parece estar faltando no inventário rapidamente preenchido dos fatores da felicidade. Mas, para uma parcela ampla e em rápido crescimento da humanidade, trata-se de uma ideia obscura que assim continuará sendo enquanto o dinheiro for evitado como tema de conversa...

Ponderando as profecias não cumpridas do passado e as gloriosas, embora mal-orientadas, esperanças do presente, Rorty conclama as pessoas a recuperarem a sensatez e despertarem para as causas profundas da miséria humana. "Deveríamos garantir", escreve ele, que nossos filhos "se preocupem com o fato de os países que saíram na frente em termos de industrialização possuírem uma riqueza cem vezes maior que a dos ainda não industrializados. Nossos filhos precisam aprender, desde cedo, a ver as desigualdades entre seus próprios destinos e os de outras crianças, não como a Vontade de Deus nem como o preço necessário pela eficácia econômica, mas como uma tragédia evitável."[15]

Permita-me comentar que a identificação é também um fator poderoso na estratificação, uma de suas dimensões mais divisivas e fortemente diferenciadoras. Num dos polos da hierarquia global emergente estão aqueles que constituem e desarticulam as suas identidades mais ou menos à própria vontade, escolhendo-as no leque de ofertas extraordinariamente amplo, de abrangência planetária. No outro polo se abarrotam aqueles que tiveram negado o acesso à escolha da identidade, que não têm direito de manifestar as suas preferências e que no final se veem oprimidos por identidades aplicadas e impostas *por outros* – identidades de que eles próprios se ressentem, mas não têm permissão de abandonar nem das quais conseguem se livrar. Identidades que estereotipam, humilham, desumanizam, estigmatizam...

A maioria de nós paira desconfortavelmente entre esses dois polos, sem jamais ter certeza do tempo de duração de nossa liberdade de escolher o que desejamos e rejeitar o que nos desagrada, ou se seremos capazes de manter a posição de que atualmente desfrutamos pelo tempo que julgarmos satisfatório e desejável. Na maior parte do tempo, o prazer de selecionar uma identidade estimulante é corrompido pelo medo. Afinal, sabemos que, se os nossos esforços fracassarem por escassez de recursos ou falta de determinação, uma outra identidade, intrusa e indesejada, pode ser cravada sobre aquela que nós mesmos escolhemos e construímos. Max Frisch, escrevendo na Suíça – país onde as escolhas individuais (flexíveis) são costumeiramente consideradas (e tratadas) como inválidas, a menos que tenham o carimbo da aprovação popular (inflexível) –, definiu a identidade como a *rejeição* daquilo que os outros desejam que você seja.

As guerras pelo reconhecimento, quer travadas individual ou coletivamente, em geral se desenrolam em duas frentes, embora tropas e armas se desloquem entre as linhas de fronteira, dependendo da posição conquistada ou atribuída segundo a hierarquia de poder. Numa das frentes, a identidade escolhida e preferida é contraposta, principalmente, às obstinadas sobras das identidades antigas, abandonadas e abominadas, escolhidas ou impostas no passado. Na outra frente, as pressões de outras identidades, maquinadas e impostas (estereótipos, estigmas, rótulos), promovidas por "forças inimigas", são enfrentadas e – caso se vença a batalha – repelidas.

Mas mesmo as pessoas a quem se negou o direito de adotar a identidade de sua escolha (situação universalmente abominada e temida) ainda não pousaram nas regiões inferiores da hierarquia de poder. Há um espaço ainda mais abjeto – um espaço abaixo do fundo. Nele caem (ou melhor, são empurradas) as pessoas que têm negado o direito de *reivindicar* uma identidade distinta da classificação atribuída e imposta. Pessoas cuja súplica não será aceita e cujos protestos não serão ouvidos, ainda que pleiteiem a anulação do veredicto. São as pessoas recentemente denominadas de "subclasse": exiladas nas profundezas além dos limites da sociedade – fora daquele conjunto no interior do qual as identidades (e assim também o direito a um lugar legítimo na totalidade) podem ser reivindicadas e, uma vez reivindicadas, supostamente respeitadas. Se você foi destinado à subclasse (porque abandonou a escola, é mãe solteira vivendo da previdência social, viciado ou ex-viciado em drogas, sem-teto, mendigo ou membro de outras categorias arbitrariamente excluídas da lista oficial dos que são considerados adequados e admissíveis), qualquer outra identidade que você possa ambicionar ou lutar para obter lhe é negada a priori. O significado da "identidade da subclasse" é a *ausência de identidade*, a abolição ou negação da individualidade, do "rosto" – esse objeto do dever ético e da preocupação moral. Você é excluído do espaço social em que as identidades são buscadas, escolhidas, construídas, avaliadas, confirmadas ou refutadas.

A "subclasse" é um grupo heterogêneo de pessoas que – como diria Giorgio Agamben – tiveram o seu "*bios*" (ou seja, a vida de um sujeito socialmente reconhecido) reduzido a "*zoë*" (a vida puramente animal, com todas as ramificações reconhecidamente humanas podadas ou anuladas). Outra categoria que está encontrando o mesmo destino são os refugiados – os sem-Estado, os *sans-papiers* –, os desterritorializados num mundo de soberania territorialmente assentada. Ao mesmo tempo que compartilham a situação da subclasse, eles, acima de todas as privações, têm negado o direito à presença física dentro de um território sob lei soberana, exceto em "não lugares" especialmente planejados, denominados campos para refugiados ou pessoas em busca de asilo a fim de distingui-los do espaço em que os outros, as pessoas "normais", "perfeitas", vivem e se movimentam.

Os alicerces do imperialismo da sólida era moderna eram a conquista do território com o propósito de ampliar o volume da mão de obra sujeita à exploração capitalista. As terras conquistadas eram submetidas à administração dos conquistadores, de modo que os nativos pudessem ser transformados numa força de trabalho vendável. Era (poderíamos parafrasear o famoso adágio de Clausewitz) uma continuação, uma nova montagem sobre o palco global, de processos praticados internamente por todos os países capitalistas do Ocidente. E corroborava e reafirmava de forma retumbante a escolha, feita por Marx, da classe como o principal fator determinante da identidade social. A longo prazo, contudo, tornou-se evidente que uma dimensão mais espetacular, e talvez ainda mais influente, da expansão do Ocidente em escala mundial foi a lenta mas implacável globalização da produção de lixo humano, ou, para ser mais preciso, "pessoas rejeitadas" – pessoas não mais necessárias ao perfeito funcionamento do ciclo econômico e portanto de acomodação impossível numa estrutura social compatível com a economia capitalista.

O "lixo humano" tem sido despejado desde o início em todos os lugares nos quais essa economia foi praticada. Enquanto essas terras estavam confinadas a uma parte do globo, entretanto, uma "indústria de remoção do lixo" efetivamente global, na forma do imperialismo político e militar, conseguia neutralizar o potencial mais explosivo da acumulação de lixo humano. Problemas *localmente produzidos* exigiam, e encontravam, uma solução *global*. Tais soluções não estão mais disponíveis: a expansão da economia capitalista finalmente se emparelhou com a amplitude global da dominação política e militar do Ocidente, e assim a produção de "pessoas rejeitadas" se tornou um fenômeno mundial. No presente estágio planetário, o "problema do capitalismo", a disfunção mais gritante e potencialmente explosiva da economia capitalista, está mudando da exploração para a exclusão. É essa exclusão, mais do que a exploração apontada por Marx um século e meio atrás, que hoje está na base dos casos mais evidentes de polarização social, de aprofundamento da desigualdade e de aumento do volume de pobreza, miséria e humilhação.

Devemos a Thomas Marshall o primeiro discurso em que os direitos sociais da cidadania foram vistos como um arcabouço, e dentro desse arcabouço as vestes das identidades coletivas eram desprezadas em favor das vestes do cidadão. Desde então, as identidades têm saído da obscuridade da grande transformação para habitar os tempos modernos. Na sua opinião, como se dá essa transformação?

Essa história já foi contada muitas vezes, e muitas vezes o sonho de uma república que reconhece a humanidade em todos os seus membros e lhes oferece todos os direitos devidos aos seres humanos apenas porque são seres humanos – uma república que, ao mesmo tempo que aceita os seus membros apenas com o pretexto de sua humanidade, é também plenamente tolerante, talvez até cega e desatenta, a suas extravagâncias e idiossincrasias (desde que, evidentemente, não prejudiquem uns aos outros) – foi nutrido por cada uma das gerações modernas (o "patriotismo constitucional" de Jürgen Habermas constitui a sua última versão). E isso não surpreende. Tal república parece a melhor solução que se possa imaginar para a mais angustiante incerteza de qualquer forma de convívio humano, isto é, como viver juntos com um mínimo de rivalidade e conflito, enquanto mantém inabalada a liberdade de escolha e a autoafirmação. Em resumo: *como alcançar a unidade na (apesar da?) diferença e como preservar a diferença na (apesar da?) unidade.*

A contribuição singular de Thomas Marshall foi generalizar a sequência de desenvolvimentos políticos da Grã-Bretanha, transformando-a numa "lei histórica" que conduziria inextricavelmente, em toda parte, mais cedo ou mais tarde, do *habeas corpus* à ascensão do poder político, e depois social. No limiar dos "30 anos gloriosos" da reconstrução e do "pacto social" do pós-guerra, a solução britânica para a incerteza anteriormente mencionada parecia de fato inevitável e, mais dia menos dia, irresistível. Era, afinal de contas, a sucessão lógica do cerne do credo liberal que para se tornar um cidadão pleno da república era preciso possuir os recursos que liberam tempo e energia da luta pela mera sobrevivência. A camada inferior da sociedade, os proletários, carecia desses recursos e era improvável que os obtivesse por meio de seu próprio esforço e suas economias – portanto, era a própria república que tinha de garantir a satisfação de suas necessidades básicas de modo que pudessem ser integrados ao conjunto dos cidadãos.

Em outras palavras: esperava-se – acreditava-se – que, uma vez alcançada a segurança pessoal quanto à opressão, as pessoas se reuniriam para resolver seus interesses em comum por meio da ação política, e o resultado da participação sempre crescente, e por fim universal, seria a sobrevivência coletivamente garantida – em relação à pobreza, à ameaça do desemprego, à incapacidade de garantir diariamente a existência dia após dia. Para resumir uma longa história: uma vez livres, as pessoas se tornariam politicamente interessadas e ativas, e por sua vez promoveriam efetivamente a equidade, a justiça, a proteção mútua, a fraternidade...

Deve-se ter cuidado, contudo, em proclamar que uma sucessão histórica é a manifestação das "leis férreas da história" e uma inevitabilidade histórica. E deve-se ter mais cuidado ainda em excluir "a lógica do desenvolvimento" antes que o "desenvolvimento" tenha tido seu curso. Não há como dizer quando uma sucessão de eventos chegou ao fim, ou em que ponto termina: a história humana permanece obstinadamente incompleta e a condição humana, subdeterminada. Na época em que Marshall escreveu, a variação britânica do "Estado de bem-estar" (melhor chamá-lo, creio eu, de "Estado social") de fato parecia o auge da lógica moderna – o adequado coroamento de um impulso histórico tortuoso mas implacável e impossível de paralisar, talvez concebido localmente, mas destinado a ser imitado – com modificações, é possível, mas preservando os seus elementos essenciais – por todas as "sociedades desenvolvidas".

Em retrospecto, essa conclusão parece no mínimo prematura. Há apenas 30 anos, depois de lorde Beveridge ter dado o toque final no projeto de seguro social coletivo contra os infortúnios individuais, e enquanto Marshall colocava no papel a sua visão auspiciosa, otimista, da consequente plenitude da cidadania, Kenneth Galbraith atentou para o advento de uma "maioria satisfeita" que utilizava os direitos pessoais e políticos recém-adquiridos para excluir os seus cocidadãos menos sagazes ou astutos de um número crescente de direitos sociais. Ao contrário das previsões de Beveridge e Marshall, a capacidade do Estado social de fazer a maioria sentir-se confiante e satisfeita acabou minando as suas premissas e ambições em vez de fortalecê-las. Paradoxalmente, a autoconfiança da "maioria satisfeita" que impeliu os seus membros a retirarem seu apoio ao princípio fundamental do Estado social – o da segurança coletiva contra os infortúnios individuais – foi uma consequência do estrondoso sucesso desse mesmo Estado social.

Tendo sido alçada ao nível da genuína abundância, a uma posição na qual uma profusão de oportunidades acenava a qualquer um que dispusesse de recursos suficientes, essa maioria chutou para longe a escada sem a qual subir a um ponto tão alto seria perigoso ou totalmente impossível. O processo tinha impulso e aceleração próprios. A mudança da opinião popular resultou num encolhimento progressivo da proteção que um Estado social não mais abrangente desejava e podia oferecer. Em primeiro lugar, o princípio do seguro social coletivo como direito universal de todos os cidadãos foi, pela prática do "teste dos recursos", substituído por uma promessa de assistência dirigida apenas às pessoas que fracassassem no teste da abundância de recursos e da autossuficiência – e, portanto, implicitamente, no teste da cidadania e da "plena humanidade". Depender das drogas da previdência se tornou, assim, não um direito da cidadania, mas um estigma do qual pessoas com respeito próprio devem se afastar. Em segundo lugar, de acordo com a regra de que provisões para os pobres são provisões pobres, os serviços de bem-estar social perderam muito da antiga atração que exerciam. Esses dois fatores acrescentaram animosidade, velocidade e intensidade ao processo de distanciamento da "maioria satisfeita" em relação à aliança "para além da direita e da esquerda" em apoio ao Estado social. Isso, por sua vez, aumentou a limitação e a defasagem de sucessivas medidas de bem-estar social e levou a uma incapacitação geral das instituições previdenciárias, vítimas da falta de verbas.

No extremo final do recuo do Estado social se faz a couraça dessecada, rachada e murcha da "república", despida de seus adornos mais atraentes. Indivíduos enfrentando os desafios da vida e orientados a buscar soluções privadas para problemas socialmente produzidos não podem esperar muita ajuda do Estado, cujos poderes restritos não prometem muito – e garantem menos ainda. Uma pessoa sensata não confiaria mais no Estado para prover tudo o que necessita em caso de desemprego, doença ou idade avançada, para assegurar serviços de saúde decentes ou uma educação adequada para as crianças. Acima de tudo, uma pessoa sensata não esperaria do Estado que protegesse os seus sujeitos dos golpes desferidos, de forma aparentemente aleatória, pelo jogo das forças globais, não controlado e mal compreendido. E assim há um sentimento novo, mas já profundamente enraizado, de que mesmo que alguém soubesse como seria uma boa sociedade, não seria possível encontrar uma força capacitada e ávida por realizar tais desejos da população.

Levando-se tudo isso em consideração, o significado de "cidadania" tem sido esvaziado de grande parte de seus antigos conteúdos, fossem genuínos ou postulados, enquanto as instituições dirigidas ou endossadas pelo Estado que sustentavam a credibilidade desse significado têm sido progressivamente desmanteladas. O Estado-nação, como já mencionamos, não é mais o depositório natural da confiança pública. A confiança foi exilada do lar em que viveu durante a maior parte da história moderna. Agora está flutuando à deriva em busca de abrigos alternativos – mas nenhuma das alternativas oferecidas conseguiu até agora equiparar-se, como porto de escala, à solidez e aparente "naturalidade" do Estado-nação.

Houve um tempo em que a identidade humana de uma pessoa era determinada fundamentalmente pelo papel produtivo desempenhado na divisão social do trabalho, quando o Estado garantia (se não na prática, ao menos nas intenções e promessas) a solidez e a durabilidade desse papel, e quando os sujeitos do Estado podiam exigir que as autoridades prestassem contas no caso de deixarem de cumprir as suas promessas e desincumbir-se da responsabilidade assumida de proporcionar a plena satisfação dos cidadãos. Essa cadeia contínua de dependência e amparo poderia compreensivelmente fornecer um alicerce para algo como o "patriotismo constitucional" de Habermas. Parece, entretanto, que o apelo ao "patriotismo constitucional" como solução eficaz para os atuais problemas segue o hábito das asas da Coruja de Minerva, conhecidas desde os tempos de Hegel por se abrirem à noite, quando o dia se foi... Só se avalia plenamente o valor de alguma coisa quando esta some de vista - desaparece ou é dilapidada.

Não há muito no atual estado das coisas que inspire a esperança nas probabilidades do patriotismo constitucional. Para que a força centrípeta do Estado se sobreponha à força centrífuga dos interesses e preocupações regionais, locais e particularistas, relacionados a grupos e autorreferenciais, o Estado deve ser capaz de oferecer alguma coisa que não possa ser obtida de modo igualmente eficaz nos níveis inferiores, e de atar os fios de uma rede de segurança que do contrário ficariam soltos. O tempo em que o Estado era capaz desse feito, e em que se confiava que fizesse o que fosse necessário para completar a sua tarefa, de modo geral terminou.

O governo do Estado é uma entidade à qual é improvável que os membros de uma sociedade cada vez mais privatizada e desregulamentada dirijam as suas queixas e exigências. Eles têm sido repetidamente orientados a confiarem em suas próprias sagacidade, habilidades e em seu esforço sem esperar que a salvação venha do céu: culpar a si mesmos, a sua apatia ou preguiça, se tropeçarem ou quebrarem as pernas no caminho individual rumo à felicidade. Pode-se desculpá-los por pensarem que os poderes constituídos se eximiram de toda a responsabilidade por seus destinos (com a possível exceção de trancafiar pedófilos, varrer das ruas os vagabundos, ociosos, mendigos e outros indesejáveis, e deter suspeitos de terrorismo antes que se transformem em terroristas de fato). Sentem-se abandonados aos próprios recursos - bastante insuficientes - e à própria iniciativa - muito desordenada.

E o que é aquilo com que os indivíduos abandonados, dessocializados, fragmentados e solitários provavelmente sonham e, se têm uma chance, fazem? Já que os grandes portos foram fechados ou privados dos quebra-mares que costumavam torná-los seguros, os infelizes marinheiros ficarão propensos a construir e cercar os pequenos refúgios onde podem ancorar e depositar as suas destituídas e frágeis identidades. Não confiando mais na rede de navegação pública, eles guardam com desconfiança o acesso a esses refúgios privados contra todo e qualquer intruso. Para a mente sensata, a atual ascensão espetacular dos fundamentalismos não guarda mistério. Está longe de ser intrigante ou inesperada. Feridos pela experiência do abandono, homens e mulheres desta nossa época suspeitam ser peões no jogo de alguém, desprotegidos dos movimentos feitos pelos grandes jogadores e facilmente renegados e destinados à pilha de lixo quando estes acharem que eles não dão mais lucro. Consciente ou subconscientemente, os homens e as mulheres de nossa época são assombrados pelo *espectro da exclusão*. Sabem – como Hauke Brunkhorst nos lembra de maneira pungente – que milhões já foram excluídos, e que "para os que caem fora do sistema funcional, seja na Índia, no Brasil ou na África, ou mesmo como ocorre atualmente em muitos distritos de Nova York ou Paris, todos os outros logo se tornam inacessíveis. Sua voz não é mais ouvida, com frequência ficam literalmente mudos."[16] E assim têm medo de serem abandonados, sem acesso a um coração afetuoso ou uma mão amiga, e sentem muita falta do calor, conforto e segurança do convívio.

Não surpreende que para muitas pessoas a promessa fundamentalista de "renascer" num novo lar cordial e seguro, do tipo familiar, seja uma tentação à qual é difícil de resistir. Poderiam ter preferido outra coisa à terapia fundamentalista – uma espécie de segurança que não exija apagar a sua identidade e abdicar de sua liberdade de escolha –, mas essa segurança não está disponível. O "patriotismo constitucional" não é uma opção realista, ao passo que uma comunidade fundamentalista parece sedutoramente simples. E assim eles vão imergir prontamente nesse calor, mesmo com a expectativa de depois terem de pagar por esse prazer. Afinal, não foram criados numa sociedade de cartões de crédito que elimina a distância entre a espera e o desejo?

Com a globalização, a identidade se torna um assunto acalorado. Todos os marcos divisórios são cancelados, as biografias se tornam quebra-cabeças de soluções difíceis e mutáveis. Entretanto, o problema não são as peças individuais desse mosaico, mas como elas se encaixam umas nas outras. Qual é a sua opinião?

Receio que a sua alegoria dos quebra-cabeças seja apenas parcialmente esclarecedora. Sim, é preciso compor a sua identidade pessoal (ou as suas identidades pessoais?) da forma como se compõe uma figura com as peças de um quebra-cabeça, mas só se pode comparar a biografia com um quebra-cabeça *incompleto*, ao qual faltem muitas peças (e jamais se saberá quantas). O quebra-cabeça que se compra numa loja vem completo numa caixa, em que a imagem final está claramente impressa, e com a garantia de devolução do dinheiro se todas as peças necessárias para reproduzir essa imagem não estiverem dentro da caixa ou se for possível montar uma outra usando as mesmas peças. E assim você pode examinar a imagem na caixa após cada encaixe no intuito de se assegurar que de fato está no caminho certo (único), em direção a um destino previamente conhecido, e verificar o que resta a ser feito para alcançá-lo.

Nenhum desses meios auxiliares está disponível quando você compõe o que deve ser a sua identidade. Sim, há um monte de pecinhas na mesa que você espera poder juntar formando um todo significativo – mas a imagem que deverá aparecer ao fim do seu trabalho não é dada antecipadamente, de modo que você não pode ter certeza de ter todas as peças necessárias para montá-la, de haver selecionado as peças certas entre as que estão sobre a mesa, de as ter colocado no lugar adequado ou de que elas realmente se encaixam para formar a figura final. Podemos dizer que resolver um quebra-cabeça comprado numa loja é uma tarefa *direcionada para o objetivo*: você começa, por assim dizer, da linha de chegada, da imagem final conhecida de antemão, e então apanha as peças na caixa, uma após a outra, a fim de tentar encaixá-las. O tempo todo você acredita que, ao final, com o devido esforço, o lugar certo de cada peça e a peça certa para cada lugar serão encontrados. O ajustamento mútuo das peças e a completude do conjunto estão assegurados desde o início. No caso da identidade, não funciona nem um pouco assim: o trabalho total é *direcionado para os meios*. Não se começa pela imagem final, mas por uma série de peças já obtidas ou que pareçam valer a pena ter, e então se tenta descobrir como é possível agrupá-las e reagrupá-las para montar imagens (quantas?) agradáveis. Você está *experimentando com o que tem*. Seu problema não é o que você precisa para "chegar lá", ao ponto que pretende alcançar, mas quais são os pontos que podem ser alcançados com os recursos que você já possui, e quais deles merecem os esforços para serem alcançados. Podemos dizer que a solução de um quebra-cabeça segue a lógica da racionalidade *instrumental* (selecionar os meios adequados a um determinado fim). A construção da identidade, por outro lado, é guiada pela lógica da racionalidade do *objetivo* (descobrir o quão atraentes são os objetivos que podem ser atingidos com os meios que se possui). A tarefa de um construtor de identidade é, como diria Lévi-Strauss, a de um *bricoleur*, que constrói todo tipo de coisas com o material que tem à mão...

Nem sempre foi assim. Quando a modernidade substituiu os *estados* pré-modernos (que determinavam a identidade pelo nascimento e assim proporcionavam poucas oportunidades para que surgisse a questão do "quem sou?") pelas *classes*, as identidades se tornaram tarefas que os indivíduos tinham de desempenhar, como você corretamente apontou, por meio de suas biografias. Como Jean-Paul Sartre afirmou de modo admirável, para ser burguês não basta ter nascido na burguesia – é preciso viver a vida inteira como burguês! Quando se trata de pertencer a uma classe, é necessário provar pelos próprios atos, pela "vida inteira" – não apenas exibindo ostensivamente uma certidão de nascimento –, que de fato se faz parte da classe a que se afirma pertencer. Deixando de fornecer essa prova convincente, pode-se perder a qualificação de classe, tornar-se *déclassé*.

Durante a maior parte da era moderna, aquilo em que essa prova devia consistir era de uma clareza cristalina. Cada classe tinha, podemos dizer as suas trilhas de carreira, sua trajetória estabelecida de maneira clara, sinalizada ao longo de todo o percurso e pontuada por acontecimentos importantes que permitiam aos viajantes monitorar o seu progresso. Havia poucas dúvidas, se é que havia alguma, sobre a forma da vida que se deveria viver para ser, digamos, um burguês – e ser reconhecido como tal. Acima de tudo, essa forma parecia moldada de uma vez por todas. Podia-se seguir a trajetória passo a passo, adquirindo as sucessivas insígnias de classe em sua ordem adequada, "natural", sem a preocupação de que os sinalizadores fossem deslocados ou virados na direção oposta antes de se completar a jornada.

Fazer da "identidade" uma tarefa e o objetivo do trabalho de toda uma vida, em comparação com a atribuição a *estados* da era pré-moderna, foi um ato de libertação – libertação da inércia dos costumes tradicionais, das autoridades imutáveis, das rotinas preestabelecidas e das verdades inquestionáveis. Mas, como Alain Peyrefitte descobriu em seu meticuloso estudo da história,[17] essa liberdade nova, sem precedentes, representada pela autoidentificação, que se seguiu à decomposição do sistema de estados, foi acompanhada de uma confiança, igualmente nova e sem precedentes, em si mesmo e nos outros, assim como nos méritos da companhia de outras pessoas, que recebeu o nome de "sociedade": em sua sabedoria coletiva, na confiabilidade de suas instruções, na durabilidade de suas instituições. Para ousar e assumir riscos, ter a coragem exigida pelo ato de fazer escolhas, essa tripla confiança (em si mesmo, nos outros, na sociedade) é necessária. É preciso acreditar que é adequado confiar em escolhas *feitas socialmente* e que o futuro parece certo. A sociedade é necessária como um árbitro, não como outro jogador que mantém as cartas coladas ao peito e gosta de surpreender você... Os observadores mais argutos da vida moderna notaram muito cedo, ainda no século XIX, que a confiança em questão não tinha bases tão sólidas quanto aquelas que a "versão oficial" – lutando para se tornar o credo predominante, talvez o único – insinuava. Um desses observadores sagazes foi Robert Musil, que, bem no início do século passado, percebeu que "a sociedade não funciona mais de maneira adequada", numa época em que alguns indivíduos haviam "atingido os píncaros da sofisticação".[18] O deslocamento das responsabilidades de escolha para os ombros do indivíduo, a destruição dos sinalizadores e a remoção dos marcos históricos, rematadas pela crescente indiferença dos poderes superiores em relação à natureza das escolhas feitas e à sua viabilidade, foram duas tendências presentes desde o início no "desafio da autoidentificação". No decorrer do tempo, as duas tendências, fortemente interligadas e mutuamente revigorantes, ganharam força – ainda que desaprovadas, deploradas e censuradas como desenvolvimentos preocupantes e até mesmo patológicos.

A principal força motora por trás desse processo tem sido desde o princípio a acelerada "liquefação" das estruturas e instituições sociais. Estamos agora passando da fase "sólida" da modernidade para a fase "fluida". E os "fluidos" são assim chamados porque não conseguem manter a forma por muito tempo e, a menos que sejam derramados num recipiente apertado, continuam mudando de forma sob a influência até mesmo das menores forças. Num ambiente fluido, não há como saber se o que nos espera é uma enchente ou uma seca – é melhor estar preparado para as duas possibilidades. Não se deve esperar que as estruturas, quando (se) disponíveis, durem muito tempo. Não serão capazes de aguentar o vazamento, a infiltração, o gotejar, o transbordamento – mais cedo do que se possa pensar, estarão encharcadas, amolecidas, deformadas e decompostas. Autoridades hoje respeitadas amanhã serão ridicularizadas, ignoradas ou desprezadas; celebridades serão esquecidas; ídolos formadores de tendências só serão lembrados nos *quizz shows* da TV; novidades consideradas preciosas serão atiradas nos depósitos de lixo; causas eternas serão descartadas por outras com a mesma pretensão à eternidade (embora, tendo chamuscado os dedos repetidas vezes, as pessoas não acreditem mais); poderes indestrutíveis se enfraquecerão e se dissiparão, importantes organizações políticas ou econômicas serão engolidas por outras ainda mais poderosas ou simplesmente desaparecerão; capitais sólidos se transformarão no capital dos tolos; carreiras vitalícias promissoras mostrarão ser becos sem saída. Tudo isso é como habitar um universo desenhado por Escher, onde ninguém, em lugar algum, pode apontar a diferença entre um caminho ascendente e um declive acentuado.

Não se acredita mais que a "sociedade" seja um árbitro das tentativas e erros dos seres humanos – um árbitro severo e intransigente, por vezes rígido e impiedoso, mas de quem se espera ser justo e de princípios. Ela nos lembra, em vez disso, um jogador particularmente astuto, ardiloso e dissimulado, especializado no jogo da vida, trapaceando quando tem chance, zombando das regras quando possível – em suma, um perito em truques por baixo do pano que costuma apanhar todos os outros jogadores, ou a maioria deles, despreparados. Seu poder não se baseia mais na coerção direta: a sociedade não dá mais as ordens sobre como se viver – e, mesmo que desse, não lhe importaria muito que elas fossem obedecidas ou não. A "sociedade" deseja apenas que você continue no jogo e tenha fichas suficientes para permanecer jogando.

A força da sociedade e o seu poder sobre os indivíduos agora se baseiam no fato de ela ser "não localizável" em sua atitude evasiva, versatilidade e volatilidade, na imprevisibilidade desorientadora de seus movimentos, na agilidade de ilusionista com que escapa das gaiolas mais resistentes e na habilidade com que desafia expectativas e volta atrás nas suas promessas, quer declaradas sem rodeios ou engenhosamente insinuadas. A estratégia certa para lidar com um jogador tão evasivo e não confiável é derrotá-lo no seu próprio jogo...

Don Juan (tal como retratado por Molière, Mozart ou Kierkegaard) pode ser considerado inventor e pioneiro dessa estratégia. Pelas confissões do próprio Don Juan de Molière, o prazer da paixão consistia na mudança incessante. O segredo das conquistas do Don Giovanni de Mozart, na opinião de Kierkegaard, era a sua habilidade em terminar rapidamente e partir para um novo começo. Don Giovanni vivia num estado permanente de autocriação. Na visão de Ortega y Gasset, Don Juan/Don Giovanni era a verdadeira encarnação da vitalidade do viver espontâneo, e isso o tornava a maior manifestação da inquietação fundamental, das preocupações e ansiedades dos seres humanos modernos. Tudo isso levou Michel Serres (em "A aparição de Hermes", no seu livro *Hermes*) a considerar Don Juan o primeiro herói da modernidade. A partir de uma alusão de Camus (o qual percebeu que um sedutor ao estilo de Don Juan não gosta de olhar retratos), Beata Frydryczak, perspicaz filósofa da cultura, notou que esse "herói da modernidade" não poderia ser um colecionador, já que para ele só contava o "aqui e agora", a fugacidade do momento. Se de fato colecionasse alguma coisa, faria uma coleção de sensações, emoções, *Erlebnisse*.[19] E as sensações são, pela própria natureza, tão frágeis e efêmeras, tão voláteis quanto as situações que as desencadearam. A estratégia de *carpe diem* é uma reação a um mundo esvaziado de valores que finge ser duradouro.

O que (creio eu) se segue é que a sua sugestão de que o problema está na "forma como eles" (os vários pedaços de que a identidade supostamente coesa se compõe) "se encaixam uns nos outros" é reveladora, mas incorreta. Ajustar peças e pedaços para formar um todo consistente e coeso chamado "identidade" não parece ser a principal preocupação de nossos contemporâneos, que foram atirados à força e de modo irredimível a uma condição don-juanesca e assim se veem obrigados a adotar a estratégia correspondente. Talvez não seja absolutamente essa a sua preocupação. Uma identidade coesa, firmemente fixada e solidamente construída seria um fardo, uma repressão, uma limitação da liberdade de escolha. Seria um presságio da incapacidade de destravar a porta quando a nova oportunidade estiver batendo. Para resumir uma longa história: seria uma receita de *inflexibilidade*, ou seja, dessa condição o tempo todo execrada, ridicularizada ou condenada por quase todas as autoridades do momento, sejam elas genuínas ou supostas – os meios de comunicação de massa, os doutos especialistas em problemas humanos e os líderes políticos –, por se opor à atitude correta, prudente e promissora diante da vida, e assim constituir uma condição em relação à qual a recomendação quase unânime é ter cautela e evitá-la cuidadosamente.

Para a grande maioria dos habitantes do líquido mundo moderno, atitudes como cuidar da coesão, apegar-se às regras, agir de acordo com os precedentes e manter-se fiel à lógica da continuidade, em vez de flutuar na onda das oportunidades mutáveis e de curta duração, não constituem opções promissoras. Se outras pessoas as adotam (raramente de bom grado, pode-se estar certo!), são prontamente apontadas como sintomas da privação social e um estigma do fracasso na vida, da derrota, da desvalorização, da inferioridade social. Na percepção popular, elas tendem a estar associadas à vida numa prisão ou num gueto urbano, a ser classificadas como pertencentes à detestada e abominada "subclasse", ou a ser confinadas nos campos de refugiados sem pátria...

Os projetos a que se deve jurar lealdade vitalícia, uma vez escolhidos e acalentados (apenas meio século atrás, Jean-Paul Sartre recomendava a adoção dos *projets de la vie*), são mal acolhidos pela crítica e perdem a atração que exerciam. Se pressionadas, as pessoas, em sua maioria, os descreveriam como contraproducentes e decerto um tipo de opção que não fariam com satisfação. *Ajustar* pedaços infinitamente – sim, não há outra coisa que se possa fazer. Mas *conseguir* ajustá-los, encontrar *o melhor* ajuste que possa pôr um fim ao jogo do ajustamento? Não, obrigado, é melhor viver sem isso.

Próximo ao fim de uma vida de incontáveis esforços para compor a impecável harmonia de cores puras e formas geometricamente perfeitas (sendo a perfeição um estado que não pode ser melhorado, o que impede qualquer mudança futura), Piet Mondrian, o grande poeta da modernidade sólida, pintou "*Victory boogie-woogie*": uma furiosa e tumultuada união desarmônica de formas disformes e matizes destoantes de vermelho, laranja, rosa, verde e azul...

Uma das consequências dessas transformações é o ressurgimento do nacionalismo. Assim, se as biografias ficaram cheias de peças de quebra-cabeça, o que temos é o paradoxo de que a palavra "comunidade" (*Gemeinschaft*) reingressa forçosamente na discussão. Será um paradoxo? Ou, de outro lado, serão esses fenômenos complementares?

Uma vez mais, não tenho certeza de que o seu diagnóstico esteja cem por cento correto. É verdade que os vários movimentos em busca de comunidade/reconhecimento que afloram hoje em dia em lugares nos quais a "questão nacional" parecia ter sido resolvida há uns cem anos (e por um longo tempo talvez de modo conclusivo e eterno) tendem a ser comumente interpretados como o "ressurgimento do nacionalismo". Quando o inferno explodiu nos Bálcãs, após o colapso do Estado federativo iugoslavo, Tom Nairn resumiu a visão predominante dos fatos como a ressurgência de uma força sombria, arcaica, primitiva, irracional, até recentemente adormecida e que se pensava morta, mas evidentemente nunca, de fato, de maneira irrevogável – e agora uma vez mais "compelindo as pessoas a colocarem o sangue antes do progresso razoável e dos direitos individuais".[20] A pergunta que esse diagnóstico e outros semelhantes sugeriam e estimulavam a que se respondesse era: "por que os mortos-vivos acordaram?" Era o tipo de pergunta que os filmes sobre vampiros e zumbis vivem fazendo, tão desorientadora e fantasiosa como a própria ideia de "ressurgir dos mortos" ou a milagrosa preservação de antigos ódios no *freezer* do inconsciente coletivo. Embora seja fácil compreender por que se usou um antigo nome para denotar fenômenos novos e não completamente entendidos, recorrer a redes de pesca conceituais experimentadas e testadas sempre que aparecerem grotescas criaturas marinhas jamais vistas é, afinal de contas, um hábito comum e consagrado pelo tempo. Mas devíamos prestar atenção à advertência de Derrida e estar cientes de que só podemos usar velhos conceitos, inevitavelmente repletos de significados ultrapassados, "fazendo-se neles as emendas necessárias".

Há duas razões óbvias para essa nova safra de reivindicações à autonomia ou independência, erroneamente descrita como uma "ressurgência do nacionalismo" ou uma ressurreição/ reflorescimento das nações. Uma delas é a tentativa séria e desesperada, ainda que mal orientada, de encontrar um modo de proteger-se dos ventos globalizantes, ora gelados, ora abrasadores, uma proteção que os muros carcomidos do Estado-nação não mais proveem. Outra é a reavaliação do pacto tradicional entre nação e Estado, o que não causa nenhuma surpresa num momento em que os Estados, em processo de enfraquecimento, têm cada vez menos benefícios a oferecer em troca da lealdade exigida em nome da solidariedade nacional. Como você pode ver, ambas as razões apontam para a *erosão da soberania nacional* como o fator principal. Os movimentos em discussão manifestam o desejo de reajustar a estratégia recebida da busca coletiva de interesses, procurando ou criando novos interesses e novos atores no jogo de poder. Podemos (e devemos) deplorar o zelo separatista de tais movimentos, podemos condenar os ódios tribais que eles semeiam e lamentar os seus frutos amargos, mas dificilmente poderíamos acusá-los de irracionalidade ou desprezá-los como se fossem simplesmente uma reverberação primitiva. Se o fizermos, arriscamo-nos a confundir o que precisa ser explicado pela explicação em si.

Os escoceses "redescobriram" o seu sentido de nação, junto com o fervor patriótico, quando o governo de Londres começou a embolsar os lucros pela venda de licenças para a exploração do petróleo na costa da Escócia (esse nacionalismo renascido começou a perder muitos patriotas recém-recrutados quando o fundo começou a se mostrar embaixo das plataformas petrolíferas do mar do Norte). Quando o domínio do governo em Roma começou a enfraquecer, e havia muito pouco a ganhar com a lealdade a um Estado dividido, o povo rico do norte da Itália questionou o motivo pelo qual os pobres, desafortunados e indolentes calabreses ou sicilianos deveriam ser aliviados de sua miséria, ano após ano, à custa deles, habitantes do norte – e assim se seguiu prontamente o questionamento da identidade nacional comum italiana.

Aos primeiros sinais do iminente colapso do Estado iugoslavo, os eslovenos, prósperos e eficientes, começaram a indagar por que sua riqueza deveria continuar escoando para as partes menos afortunadas da aliança eslava, não sem antes aportarem nas mãos dos burocratas de Belgrado. Também devemos lembrar que foi o chanceler alemão Helmut Kohl quem *primeiro* externou a opinião de que a Eslovênia merecia ser um Estado independente *porque era etnicamente homogênea* – pode ter sido essa a centelha que fez o barril de pólvora das etnias, religiões e alfabetos dos Bálcãs explodir no frenesi do expurgo étnico.

A tragédia que se seguiu é bem conhecida. Mas os alegados "impulsos primitivos" não *brotaram* das profundezas sombrias do inconsciente, onde teriam hibernado desde tempos imemoriais, esperando que chegasse o momento de despertar. Tiveram de ser laboriosamente *construídos* – jogando-se astuciosamente um vizinho contra o outro, um membro da família contra o outro, e transformando todas as pessoas dotadas da marca distintiva de membros da comunidade projetada em cúmplices ativas ou encobridoras do crime. O assassinato de vizinhos de porta, o estupro, a bestialidade, a matança de indefesos – quebrando um a um os tabus mais sagrados, fazendo-o em público e conferindo notoriedade – foram na verdade atos de *criação* comunitária:

evocar uma comunidade unida pela memória do *malefício original*; uma comunidade que poderia estar razoavelmente segura de sua sobrevivência graças ao fato de ter se tornado o único escudo a evitar que os perpetradores fossem declarados criminosos em vez de heróis, de serem levados a julgamento e punidos. Mas, em primeiro lugar, por que as pessoas obedeceram a esse apelo às armas? Por que vizinhos se voltaram uns contra os outros?

A mudança e o impressionante colapso do Estado que fornecia a estrutura na qual o relacionamento de vizinhança podia ser rotineiramente conduzido foram, sem dúvida, uma experiência traumática, uma boa razão para temer pela segurança individual. Entre as ruínas da estrutura fornecida pelo Estado, as ervas daninhas da ansiedade brotaram e cresceram descontroladamente. Seguiu-se uma genuína "crise social" propriamente dita e, como explica René Girard, num estado de crise social, "as pessoas invariavelmente culpam a sociedade como um todo, o que não lhes custa nada, ou então outras pessoas que lhes pareçam particularmente perniciosas por motivos facilmente identificáveis". Num estado de crise social, indivíduos assustados se arrebanham e se tornam uma turba – e "a turba, por definição, procura a ação, mas não pode produzir efeito sobre as causas naturais [da crise]. Assim sendo, busca uma causa acessível que possa aplacar o seu apetite por violência." O restante é muito confuso, mas fácil de imaginar e compreender: "No intuito de culpar as vítimas pela perda de distinções resultante da crise, elas são acusadas de crimes que eliminam as distinções. Mas na verdade são identificadas como vítimas a perseguir porque portam a marca de vítimas."[21]

Quando o mundo conhecido se despedaça, um dos efeitos mais perturbadores e inquietantes é a pilha de escombros ocultando as fronteiras, enquanto o lixo e a sucata escondem os postes de sinalização. As vítimas em potencial não são temidas e odiadas por serem diferentes – mas porque não são *suficientemente diferentes*, misturando-se facilmente na multidão. A violência é necessária para torná-las espetacularmente, inequivocamente, gritantemente diferentes. Então, ao destruí-las, podia-se ter a esperança de estar eliminando o agente poluidor que havia ofuscado as distinções, e assim recriar um mundo ordenado em que todos sabem quem são e as identidades deixaram de ser frágeis, vagas e instáveis. Desse modo, de acordo com o padrão moderno, toda destruição é aqui uma destruição *criativa*: uma guerra santa da disciplina contra o caos, um ato dotado de propósito, um trabalho voltado à construção da ordem...

Que não haja engano: a crise social causada pela perda dos meios convencionais de proteção coletiva eficaz não é uma peculiaridade balcânica. Com diferentes graus de intensidade e condensação, tem sido vivenciada por todo este nosso planeta em rápido processo de globalização. Suas consequências nos Bálcãs podem ter sido anormalmente extremas, mas mecanismos semelhantes estão em vigor em outras partes do mundo. As coisas podem não atingir o ponto a que chegaram nos Bálcãs e o drama pode ser abafado, por vezes até inaudível, mas desejos e ímpetos compulsivos similares incitam as pessoas em qualquer lugar em que se apresentem os sintomas terrivelmente perturbadores da crise social.

O objetivo mais ampla e intensamente cobiçado é a escavação de trincheiras profundas, possivelmente intransponíveis, entre o "dentro" e o "fora" de uma localidade territorial ou categórica. Fora: tempestades, furacões, ventos congelantes, emboscadas na estrada e perigos por toda parte. Dentro: aconchego, cordialidade, *chez soi*, segurança, proteção. Já que, para manter o planeta inteiro seguro (de modo que não precisemos mais separar-nos do inóspito "lado de fora"), nos faltam (ou pelo menos acreditamos que nos faltem) ferramentas e matérias-primas adequadas, vamos construir, cercar e fortificar um espaço indubitavelmente nosso e de mais ninguém, um espaço em cujo interior possamos nos sentir como se fôssemos os únicos e incontestáveis mestres. O Estado não pode mais afirmar que tem poder suficiente para proteger o seu território e os seus habitantes. Assim, a tarefa que foi abandonada e descartada pelo Estado jaz sobre o solo, esperando que alguém a apanhe.

O que se segue, ao contrário da opinião generalizada, é um renascimento, ou mesmo uma vingança póstuma, do nacionalismo – uma busca desesperada, embora vã, por *alternativas de solução local para problemas gerados globalmente*, numa situação na qual não se pode mais contar com a ajuda das forças convencionais do Estado.

A distinção entre o artifício republicano do consenso da cidadania e a noção de fazer parte/ser membro/pertencer "natural" remonta à *querelle* do século XVIII e início do XIX entre os filósofos franceses do Iluminismo e os românticos alemães (Herder, Fichte), teóricos do *Volk* e do *Volkgeist*, que precedem e superam todas as identidades e distinções artificiais que possam ser legalmente impostas sobre o convívio humano. Esses dois conceitos de nação receberam forma canônica na oposição de Friedrich Meinecke entre *Staatnation* e *Kulturnation* (1907). Geneviève Zubrzycki resumiu seu levantamento das definições correntes na política e nos debates de ciência social contemporâneos opondo os modelos/interpretações "cívicos" e "étnicos" do fenômeno da nacionalidade.

> Segundo o modelo cívico da nacionalidade, a identidade nacional é puramente política. Nada mais é do que a escolha do indivíduo de pertencer a uma comunidade baseada na associação de indivíduos de opinião semelhante. A versão étnica, ao contrário, sustenta que a identidade nacional é puramente cultural. A identidade é dada ao nascer; ela se impõe sobre o indivíduo.[22]

A oposição é, em última instância, entre pertencer por *adscrição primordial* ou por *escolha*. Em termos práticos, entre um *fato bruto* que precede os pensamentos e escolhas dos seres humanos – um fato que, segundo o padrão dos traços geneticamente herdados e determinados do corpo humano, pode ser desvirtuado, arquivado ou encoberto de outras maneiras, mas nunca realisticamente descartado ou "desfeito" – e um conjunto que, tal como um clube ou associação voluntária, permite que a pessoa ingresse ou se desassocie à vontade, e cujos formato, atributo e procedimento estão constantemente abertos à deliberação e renegociação de seus membros.

Mas permita-me observar que a palavra "cultural", pela qual hoje em dia comumente se descreve o primeiro desses dois modelos, é uma denominação imprópria ditada pelos atuais padrões do "politicamente correto". Afinal, a palavra "cultura" entrou em nosso vocabulário dois séculos atrás como portadora de um significado totalmente oposto: como antônimo de "natureza", denotando características humanas que, em clara oposição aos obstinados fatos da natureza, são produtos, resíduos ou efeitos colaterais das *escolhas dos seres humanos*. Feitas pelo homem, teoricamente podem ser por ele desfeitas.

Permita-me observar também que o conceito romântico se originou numa "nação sem Estado", a Europa central de fala alemã dividida em incontáveis e em sua maioria minúsculas unidades políticas, ao passo que a noção republicano-iluminista foi concebida num "Estado sem nação", um território sob uma administração dinástica cada vez mais centralizada que lutava para introduzir certo grau de coesão num conglomerado de etnias, dialetos e "culturas locais" – costumes, crenças, práticas regulares, mitologias, calendários. As duas noções não podem ser tomadas como dois tipos alternativos de nacionalidade, mas como duas interpretações sucessivas sobre a natureza do convívio humano em vários estágios de coabitação, engajamento, matrimônio e divórcio entre a nação e o Estado. Cada interpretação corresponde a uma tarefa e uma prática política um tanto diferentes. Uma atende melhor às necessidades da luta pela condição de Estado, a outra contempla os esforços de "construção nacional" do Estado político.

Em virtude da atual separação e do divórcio que se aproxima entre o Estado e a nação, com o Estado político abandonando as suas ambições assimilativas, declarando neutralidade em relação às opções culturais e se eximindo do caráter cada vez mais "multicultural" da sociedade que administra, não surpreende que visões ditas "culturais" da identidade estejam voltando à moda entre os grupos que buscam abrigos estáveis e seguros em meio às marés de mudança incerta. Para pessoas inseguras, desorientadas, confusas e assustadas pela instabilidade e transitoriedade do mundo que habitam, a "comunidade" parece uma alternativa tentadora. É um sonho agradável, uma visão de paraíso: de tranquilidade, segurança física e paz espiritual. Para pessoas que lutam numa estreita rede de limitações, preceitos e condenações, pelejando pela liberdade de escolha e autoafirmação, a mesmíssima comunidade que exige lealdade absoluta e que guarda estritamente as suas entradas e saídas é, pelo contrário, um pesadelo: uma visão do inferno ou da prisão. A questão é que todos nós estamos, intermitente ou simultaneamente, sobrecarregados com "responsabilidades demais" e ansiosos por "mais liberdade", o que só pode aumentar nossas responsabilidades. Para a maioria de nós, portanto, a "comunidade" é um fenômeno de duas faces, completamente ambíguo, amado ou odiado, amado *e* odiado, atraente ou repulsivo, atraente *e* repulsivo. Uma das mais apavorantes, perturbadoras e enervantes das muitas escolhas ambivalentes com que nós, habitantes do líquido mundo moderno, diariamente nos defrontamos.

Nesse reembaralhamento, até as formas básicas de relacionamento social estão passando por uma mutação. Das relações amorosas à religião, tudo se torna instável, líquido. Mas como é que estão mudando as relações amorosas?

Aqui você apontou outra ambivalência formidável de nossa líquida era moderna. As relações interpessoais, com tudo o que as acompanha – amor, parcerias, compromissos, direitos e deveres mutuamente reconhecidos –, são simultaneamente objetos de atração e apreensão, desejo e medo; locais de ambiguidade e hesitação, inquietação, ansiedade. Como apontei em outro texto (*Amor líquido*), depois do "Homem sem qualidades" de Robert Musil veio o nosso "homem sem vínculos" líquido-moderno. A maioria de nós, na maior parte do tempo, tem uma opinião ambígua sobre essa novidade que é "viver livre de vínculos" – de relacionamentos "sem compromisso". Nós os cobiçamos e os tememos ao mesmo tempo. Não voltaríamos atrás, mas nos sentimos pouco à vontade onde estamos agora. Estamos inseguros quanto a como construir os relacionamentos que desejamos. Pior ainda, não estamos seguros quanto ao tipo de relacionamentos que desejamos...

Creio que Erich Fromm captou esse dilema em sua essência quando observou que "a satisfação no amor individual não pode ser obtida ... sem uma verdadeira humildade, coragem, fé e disciplina", para em seguida acrescentar, com tristeza, que, "numa cultura em que essas qualidades são raras, atingir a capacidade de amar continua sendo uma rara realização".[23] Amar significa estar determinado a compartilhar e fundir duas biografias, cada qual portando uma carga diferente de experiências e recordação, e cada qual seguindo o seu próprio rumo. Justamente por isso, significa um acordo sobre o futuro e, portanto, sobre um *grande desconhecido*. Em outras palavras, como Lucan observou dois milênios atrás e Francis Bacon repetiu muitos séculos depois, significa fornecer reféns ao destino. Também significa fazer-se dependente de outra pessoa dotada de igual liberdade de escolha e da vontade de seguir essa escolha – e portanto cheia de surpresas, imprevisível.

Meu desejo de amar e ser amado só pode se realizar se for confirmado por uma genuína disposição a entrar no jogo para o que der e vier, a comprometer a minha própria liberdade, caso necessário, para que a liberdade da pessoa amada não seja violada. No *Simpósio* de Platão, Diotima de Mantinea (ou seja, "a profetisa Temeadeus da Cidade dos Profetas") enfatiza para Sócrates, com a plena concordância deste, que "o amor não é para o belo, como você pensa". "É para gerar e nascer no belo."

Amar é ter o desejo de "gerar e procriar", e assim aquele que ama "busca e tenta encontrar a coisa bela em que possa gerar". Em outras palavras, não é no anseio por coisas já prontas, completas e finalizadas que o amor encontra o seu significado, mas no impulso a participar da transformação dessas coisas, e contribuir para elas. O amor é semelhante à transcendência. É apenas outro nome para o impulso criativo, e como tal é repleto de riscos, como o são todos os processos criativos, que nunca têm certeza do lugar em que vão terminar.

Acabamos com um paradoxo. Começamos guiados por uma esperança de solução – apenas para encontrarmos novos problemas. Buscamos o amor para encontrarmos auxílio, confiança, segurança, mas os labores do amor, infinitamente longos, talvez intermináveis, geram os seus próprios confrontos, as suas próprias incertezas e inseguranças. No amor, não há ajustes imediatos, soluções eternas, garantia de satisfação plena e vitalícia, ou de devolução do dinheiro no caso de a plena satisfação não ser instantânea e genuína. Todos os recursos pagos para evitar os riscos com que a nossa sociedade de consumo nos acostumou estão ausentes no amor. Mas, seduzidos pelas promessas dos comerciantes, perdemos as habilidades necessárias para enfrentar e vencer os riscos por nós mesmos. E assim tendemos a reduzir os relacionamentos amorosos ao modo "consumista", o único com que nos sentimos seguros e à vontade.

O "modo consumista" requer que a satisfação precise ser, deva ser, seja de qualquer forma instantânea, enquanto o valor exclusivo, a única "utilidade", dos objetos é a sua capacidade de proporcionar satisfação. Uma vez interrompida a satisfação (em função do desgaste dos objetos, de sua familiaridade excessiva e cada vez mais monótona ou porque substitutos menos familiares, não testados, e assim mais estimulantes, estejam disponíveis), não há motivo para entulhar a casa com esses objetos inúteis.

Um dos presentes de Natal eternamente favoritos das crianças inglesas é um cachorro (em geral um filhote). Sobre a condição atual desse hábito, Andrew Morton recentemente comentou que os cães, conhecidos por serem bastante adaptáveis aos ambientes e às rotinas dos homens, deveriam "começar a reduzir a sua expectativa de vida de aproximadamente 15 anos para algo mais em sintonia com os breves instantes de atenção modernos: digamos, cerca de três meses" (esse é o tempo médio que se passa antes que os cães alegremente recebidos sejam jogados na rua). Uma alta porcentagem das pessoas que se livram dos seus cães o faz "a fim de abrir caminho para outros cães, mais na moda".[24] Tal como com os animais de estimação, assim também com os seres humanos de estimação. Barbara Ellen, colunista do *Observer Magazine*, discorre sobre "largar o parceiro" como se fosse um acontecimento normal. "Sempre nos dizem que a morte é uma parte importante da vida. Seguindo o mesmo raciocínio, o rompimento não seria uma parte importante da relação?"[25] O rompimento, ao que parece, é visto agora como um acontecimento tão "natural" quanto a morte é para a vida – já que os relacionamentos, um dia almejados pelos mortais como a porta de passagem para a eternidade, tornaram-se eles próprios fissíparos e mortais. Relacionamentos atormentados, na verdade, por uma expectativa de vida muitas vezes menor do que a dos indivíduos que os estabeleceram apenas para rompê-los novamente. Outro espirituoso colunista britânico sugeriu que casar-se é como "embarcar numa viagem marítima numa jangada feita de mata-borrão".

Animais ou humanos, parceiros ou de estimação – será que importa? Todos eles estão aqui pelo mesmo motivo: satisfazer (pelo menos é para isso que os mantemos). Se não o fizerem, não têm finalidade alguma e portanto nenhuma razão para estarem aqui. Anthony Giddens declarou brilhantemente que a antiga ideia romântica de amor como uma parceria exclusiva "até que a morte nos separe" foi substituída, no decorrer da libertação individual, pelo "amor confluente" – uma relação que só dura enquanto permanece a satisfação que traz a ambos os parceiros, e nem um minuto mais. No caso dos relacionamentos, você deseja que a "permissão de entrar" venha acompanhada da "permissão de sair" no momento em que não veja mais razão para ficar.

Giddens considera libertadora essa mudança na natureza dos relacionamentos: os parceiros agora estão livres para saírem em busca de satisfação em outro lugar se não conseguem obtê-la, ou não a obtêm mais, com a relação atual. O que ele não mencionou, contudo, é que, como o início de um relacionamento exige consentimento mútuo, ao passo que a decisão de um dos parceiros é suficiente para encerrá-lo, toda parceria está fadada a ser permanentemente derrotada pela ansiedade: e se a outra pessoa se aborrecer antes de mim? Outra consequência não percebida por Giddens é que a disponibilidade de uma saída fácil é em si um terrível obstáculo à satisfação no amor. Torna o tipo de esforço de longo prazo que essa satisfação exigiria muito menos provável, tendente a ser abandonado bem antes que uma conclusão gratificante possa ser alcançada, rejeitado como algo que não vale a pena ou desprezado em função de um preço que ninguém vê razão para pagar em virtude dos substitutos aparentemente mais baratos disponíveis no mercado.

Três meses é mais ou menos o tempo máximo durante o qual os jovens *trainees* da sociedade de consumo são capazes de aproveitar e depois tolerar a companhia de seus animais de estimação. É provável que eles levem esse hábito adquirido tão cedo para a vida adulta, em que os cães são substituídos por seres humanos como objetos do amor. Morton culpa o encurtamento do "breve instante de atenção". Seria possível, porém, procurar as causas em outro lugar. Se os nossos ancestrais eram moldados e treinados por suas sociedades como, acima de tudo, produtores, somos cada vez mais moldados e treinados como, acima de tudo, consumidores, todo o resto vindo depois. Atributos considerados trunfos num produtor (aquisição e retenção de hábitos, lealdade aos costumes estabelecidos, tolerância à rotina e a padrões de comportamento repetitivos, boa vontade em adiar a satisfação, rigidez de necessidades) se transformam nos vícios mais apavorantes no caso de um consumidor. Se permanecessem ou caso se tornassem comuns, seriam como o dobre de finados da economia centrada no consumidor.

A educação de um consumidor não é uma ação solitária ou uma realização definitiva. Começa cedo, mas dura o resto da vida. O desenvolvimento das habilidades de consumidor talvez seja o único exemplo bem-sucedido da tal "educação continuada" que teóricos da educação e aqueles que a utilizam na prática defendem atualmente. As instituições responsáveis pela "educação vitalícia do consumidor" são incontáveis e ubíquas – a começar pelo fluxo diário de comerciais na TV, nos jornais, cartazes e *outdoors*, passando pelas pilhas de lustrosas revistas "temáticas" que competem para divulgar os estilos de vida das celebridades que lançam tendências, os grandes mestres das artes consumistas, até chegar aos vociferantes especialistas/conselheiros que oferecem as mais modernas receitas, respaldadas por meticulosas pesquisas e testadas em laboratório, com o propósito de identificar e resolver os "problemas da vida".

Vamos nos deter por um momento nos peritos especializados em escrever receitas para as relações humanas, e particularmente para as parcerias amorosas. Os "casais semisseparados" devem ser louvados como "revolucionários em matéria de relacionamento que romperam a sufocante bolha do casal", escreveu um deles numa revista bastante respeitada e amplamente lida. Outro especialista/conselheiro informa aos leitores que, "ao se comprometer, embora sem muito ânimo, lembre-se de que é provável que você esteja fechando a porta para outras possibilidades românticas talvez mais satisfatórias e compensadoras". Outro especialista sugere que os relacionamentos, tal como os carros, devem passar periodicamente por um teste de valor e serem retirados de circulação caso os resultados sejam negativos. Mas outro especialista consegue ser ainda mais insensível: "As promessas de comprometimento são desprovidas de sentido a longo prazo ... Tal como outros investimentos, alternam períodos de alta e de baixa". E assim, se você quer "relacionar-se", mantenha distância. Se deseja obter satisfação com o convívio, não estabeleça nem exija compromissos. Mantenha todas as portas abertas o tempo todo.

Levando-se tudo isso em consideração, o que aprenderíamos com os especialistas em relacionamentos é que o comprometimento, particularmente a longo prazo, é uma armadilha a ser evitada, mais que qualquer outro perigo, por aqueles que buscam "relacionar-se". O breve instante da atenção humana encolheu – porém mais seminal ainda é o encolhimento do tempo disponível para prever e planejar. O futuro sempre foi incerto, mas o seu caráter inconstante e volátil nunca pareceu tão inextricável como no líquido mundo moderno da força de trabalho "flexível", dos frágeis vínculos entre os seres humanos, dos humores fluidos, das ameaças flutuantes e do incontrolável cortejo de perigos camaleônicos. Nunca se sentiu com tanta intensidade que o futuro é, como sugeriu Emmanuel Levinas, "o outro absoluto" – inescrutável, impermeável, incognoscível e, por fim, além do controle humano.

Num mundo em que o desprendimento é praticado como uma estratégia comum da luta pelo poder e da autoafirmação, há poucos pontos firmes da vida, se é que há algum, cuja permanência se possa prever com segurança. Assim, o "presente" não compromete o "futuro", e não há nada nele que nos permita adivinhar, muito menos visualizar, a forma das coisas que estão por vir. O pensamento e, mais ainda, os compromissos e as obrigações de longo prazo parecem, de fato, "sem sentido". Pior ainda, parecem contraproducentes, realmente perigosos, um caminho tolo a se seguir, um lastro que precisa ser atirado ao mar e que teria sido melhor, afinal de contas, nem ter sido trazido a bordo.

Todas essas notícias são preocupantes, aterradoras sem dúvida. Os golpes atingem diretamente no coração o modo humano de "estar no mundo". Afinal de contas, a essência da identidade – a resposta à pergunta "Quem sou eu?" e, mais importante ainda, a permanente credibilidade da resposta que lhe possa ser dada, qualquer que seja – não pode ser constituída senão por referência aos vínculos que conectam o eu a outras pessoas e ao pressuposto de que tais vínculos são fidedignos e gozam de estabilidade com o passar do tempo. Precisamos de relacionamentos, e de relacionamentos em que possamos servir para alguma coisa, relacionamentos aos quais possamos referir-nos no intuito de definirmos a nós mesmos. Mas em função dos comprometimentos de longo prazo que eles sabidamente inspiram ou inadvertidamente geram, os relacionamentos podem ser, num ambiente líquido moderno, carregados de perigos. Mas de qualquer forma precisamos deles, precisamos muito, e não apenas pela preocupação moral com o bem-estar dos outros, mas para o nosso próprio bem, pelo benefício da coesão e da lógica de nosso próprio ser. Quando se trata de iniciar e manter um relacionamento, o medo e o desejo lutam para obter o melhor um do outro. Lutamos veementemente pela segurança que apenas um relacionamento com compromisso (e, sim, um compromisso de longo prazo!) pode oferecer – e no entanto temamos a vitória não menos que a derrota. Nossas atitudes em relação aos vínculos humanos tendem a ser penosamente ambivalentes, e as chances de resolver essa ambivalência são hoje em dia exíguas.

Não há um modo fácil de escapar a essa sorte, nem certamente uma cura radical viável para os tormentos da ambivalência. E, portanto, há uma busca fanática e furiosa por soluções de segunda classe, meias soluções, soluções temporárias, paliativos, placebos. Servirá qualquer coisa que possa afastar as dúvidas corrosivas e as questões irrespondíveis, postergar o momento do ajuste de contas e da verdade – e assim permitir que permaneçamos em movimento ainda que nosso destino esteja, é o mínimo que se pode dizer, envolto na neblina.

Se não é possível confiar na qualidade, quem sabe a salvação não está na quantidade? Se todo relacionamento é frágil, quem sabe o recurso de multiplicar e acumular relacionamentos não vai tornar o terreno menos traiçoeiro? Graças a Deus você *pode* acumulá-los – justamente porque eles são, todos eles, frágeis e descartáveis! E assim buscamos a salvação nas "redes", cuja vantagem sobre os laços fortes e apertados é tornarem igualmente fácil conectar-se e desconectar-se (como explicou recentemente um rapaz de 26 anos de Bath, o "namoro na internet" é preferível aos "bares de solteiros" porque, se algo der errado, "basta 'deletar'" – num encontro cara a cara, não é possível descartar-se com tanta facilidade do parceiro indesejado). E nós usamos nossos celulares para bater papo e enviar e receber mensagens, de modo que possamos sentir permanentemente o conforto de "estar em contato" sem os desconfortos que o verdadeiro "contato" reserva. Substituímos os poucos *relacionamentos* profundos por uma profusão de *contatos* pouco consistentes e superficiais.

Imagino que os inventores e propagadores dos "celulares visuais", planejados para transmitir imagens além de vozes e mensagens escritas, calcularam mal: não vão encontrar um mercado de massa para suas engenhocas. Creio que a necessidade de olhar no olho o parceiro do "contato virtual", de entrar no estado de proximidade *visual* (ainda que virtual), privará o papo por celular da principal vantagem pela qual ele é entusiasticamente adotado pelos milhões que anseiam "estar em contato" e, ao mesmo tempo, manter distância...

O que esses milhões anseiam é mais bem atendido pelo "envio e recepção de mensagens", que elimina da troca a simultaneidade e a continuidade, impedindo-a de se tornar um diálogo genuíno e, portanto, arriscado. O contato auditivo vem em segundo lugar. É um diálogo, mas felizmente livre do contato visual, aquela ilusão de intimidade portadora de todos os perigos de traição involuntária (por gestos, mímica, expressão do olhar) que os interlocutores prefeririam manter excluída do "relacionamento". Esse modo reduzido de relacionar-se, "menos importuno", se ajusta a todo o resto – ao líquido mundo moderno das identidades fluidas, o mundo em que o aspecto mais importante é acabar depressa, seguir em frente e começar de novo, o mundo de mercadorias gerando e alardeando sempre novos desejos tentadores a fim sufocar e esquecer os desejos de outrora.

O prêmio é a liberdade de seguir adiante, mas uma opção que não temos a liberdade de fazer é parar de nos movimentar. Como Ralph Waldo Emerson já advertia muito tempo atrás, se você está esquiando sobre o gelo fino, a salvação está na velocidade.

E como é que muda a atitude em relação ao sagrado?

Não é uma pergunta fácil de responder. Para começo de conversa, "o sagrado" é um conceito notoriamente vago e altamente contestado, e é muito difícil ter certeza, e ainda mais concordar, quanto àquilo de que estamos falando. Alguns autores chegam até a sugerir que o sagrado está confinado ao que se passa dentro de uma igreja ou seu equivalente. Outros autores sugerem que o ato de lavar o carro ou a ida da família ao *shopping* no domingo é a atual encarnação do sagrado...

Mas ainda que rejeitemos e esqueçamos tais sugestões extremadas e bastante tolas (elas próprias, em minha opinião, manifestações da "crise do sagrado"), aceitando que sua pergunta é sobre fenômenos do tipo que Rudolph Otto tentou apreender com a ideia de "extraordinário" ou Immanuel Kant com o conceito de "sublime", a tarefa não se torna muito fácil. Será que ajuda esclarecer em que consistem tais fenômenos?

Ao tentar resolver o mistério do poder mundano, humano, Mikhail Bakhtin, um dos mais importantes filósofos russos do século passado, começou pela descrição do "medo cósmico" – uma emoção *humana*, demasiadamente humana, provocada pela sobrenatural e *inumana* magnificência do universo. Em sua visão, o tipo de medo que serve ao poder feito pelo homem como a sua origem, protótipo e inspiração.[26] O medo *cósmico* é, nas palavras de Bakhtin, a trepidação sentida "diante do imensuravelmente grande e imensuravelmente intenso: diante do céu estrelado, do volume substancial das montanhas, do mar, e o medo de convulsões cósmicas e desastres naturais". No cerne do "medo cósmico" jaz, observemos, a não entidade do ser humano amedrontado, abatido e transiente, defrontado com a enormidade do universo permanente – a simples fraqueza, a incapacidade de resistir, a *vulnerabilidade* do frágil e delicado corpo humano revelada pela visão do "céu estrelado" ou do "volume substancial das montanhas". Mas também a percepção de que não está ao alcance dos seres humanos apreender, entender, assimilar mentalmente o impressionante poder que se manifesta na simples grandiosidade do universo. Pascal descreveu esse sentimento, e sua fonte, de maneira impecável:

> Quando considero a breve duração de minha vida absorvida na eternidade que vem antes e depois... o pequeno espaço que ocupo e que vejo ser engolido pela infinita imensidão dos espaços de que nada sei e que nada sabem sobre mim, fico amedrontado e surpreso por me ver aqui e não ali, agora e não depois.[27]

Esse universo escapa a todo entendimento. Suas intenções são desconhecidas, seus "próximos passos", imprevisíveis. Se existe plano ou lógica preconcebidos em sua ação, decerto escapa à capacidade de compreensão humana (dada a capacidade mental humana de imaginar um estado "anterior ao universo", o "*Big Bang*" não parece mais compreensível do que a criação em seis dias). E assim o "medo cósmico" é também o horror do desconhecido: o terror da *incerteza*.

É também um terror mais profundo – o do desamparo, diante do qual a incerteza não passa de um fator que contribui para causá-lo. O desamparo se torna evidente quando a vida mortal, risivelmente breve, é medida em relação à *eternidade* – e ao minúsculo espaço ocupado pela humanidade em relação à *infinitude* – do universo. *O sagrado é, podemos dizer, um reflexo dessa experiência de desamparo*. O sagrado é o que transcende os nossos poderes de compreensão, comunicação e ação.

Bakhtin insinua que o medo cósmico é usado (reprocessado, reciclado) por todos os sistemas religiosos. A imagem de Deus, governante supremo do universo e de seus habitantes, é moldada a partir da emoção já bem conhecida do medo da vulnerabilidade e do tremor diante da incerteza impenetrável e irreparável.[28] Leszek Kolakowski explica a religião pela crença dos seres humanos na insuficiência dos seus próprios recursos.

A mente moderna não era necessariamente ateia. A guerra contra Deus, a busca frenética da prova de que "Deus não existe" ou "morreu", foi deixada para os radicais. O que a mente moderna fez, contudo, foi tornar Deus irrelevante para os assuntos humanos na Terra. A ciência moderna surgiu quando foi construída uma linguagem que permitia que aquilo que se aprendesse sobre o mundo, fosse o que fosse, pudesse ser narrado em termos não teológicos, ou seja, sem referência a um "propósito" ou intenção divinos. "Se a mente de Deus é inescrutável, vamos parar de perder tempo tentando ler o ilegível e nos concentrar naquilo que nós, seres humanos, podemos compreender e fazer." Tal estratégia conduziu a espetaculares triunfos da ciência e de sua ramificação tecnológica. Mas também teve consequências de longo alcance, e não necessariamente benignas ou benéficas, para a modalidade humana de "estar no mundo". A autoridade do sagrado e, de modo mais geral, nossa preocupação com a eternidade e os valores eternos, foram as suas primeiras e mais proeminentes baixas.

A estratégia moderna consiste em fatiar os grandes temas que transcendem o poder do homem em tarefas menores que os seres humanos podem manejar (por exemplo, a substituição da luta inglória contra a morte *inevitável* pelo tratamento eficaz de muitas doenças evitáveis e curáveis). Os "grandes temas" não foram resolvidos, mas suspensos, postos de lado, removidos da ordem do dia. Não bem esquecidos, mas raramente lembrados. A preocupação com o "agora" não deixa espaço para o eterno nem tempo para refletir sobre ele. Num ambiente fluido, em constante mudança, a ideia de eternidade, duração perpétua ou valor permanente, imune ao fluxo do tempo, não tem fundamento na experiência humana.

A velocidade da mudança dá um golpe mortal no valor da durabilidade: "antigo" ou "de longa duração" se torna sinônimo de fora de moda, ultrapassado, algo que "sobreviveu à sua utilidade" e portanto está destinado a acabar em breve numa pilha de lixo.

Quando comparada ao tempo de vida dos objetos que servem à existência humana e às instituições que a estruturam, assim como ao próprio estilo de vida, a existência humana (corpórea) parece ter a maior expectativa de duração – na verdade, parece ser a *única* entidade com uma expectativa de vida crescente, e não em processo de rápido encurtamento. Há cada vez menos coisas à nossa volta – tirando aquelas que são recortadas da vida quotidiana e mumificadas para o prazer dos turistas em momentos de lazer – que tenham visto o tempo anterior ao nascimento do indivíduo. Menos ainda que, tendo entrado em cena posteriormente, possam ter a expectativa razoável de sobreviver a seus espectadores.

A regra de "atrasar a satisfação" não parece mais um conselho sensato como ainda era no tempo de Max Weber. As preocupações registradas por Pascal assumiram um rumo diferente e inesperado: quem estiver interessado, nos dias de hoje, em coisas de longa duração, melhor investir no prolongamento da vida corpórea individual do que em "causas eternas". Marchando nas colunas avançadas do exército líquido-moderno, não entendemos mais os homens-bombas que sacrificam a sua vida terrena, com todos os prazeres que esta lhes pudesse reservar, por uma causa permanente ou pela bem-aventurança eterna. Dado o seu caráter evidentemente frágil e transitório, tudo que não seja a sobrevivência do indivíduo parece um mau investimento. Sua única utilidade sensata é servir à sobrevivência do indivíduo. Seu gozo e satisfação potenciais são mais bem saboreados e consumidos imediatamente, na hora, antes de começarem a esmaecer, como decerto ocorrerá.

Esse é, comprovadamente, o maior desafio que "o sagrado" já enfrentou em sua longa história. Não que agora nos consideremos autossuficientes e onipotentes, tendo deixado de lado os sentimentos de inadequação, desamparo e falta de recursos (não nos livramos dos sentimentos que Kolakowski apontou como fontes da emoção religiosa). Em vez disso, é porque fomos treinados com a finalidade de pararmos de nos preocupar com coisas que aparentemente estão muito além de nosso controle (e portanto também sobre coisas que se estendem para além de nosso tempo de vida) e concentrarmos as nossas atenções e energias em tarefas de acordo com o nosso alcance, a nossa competência e capacidade (individuais) de consumo. Somos *trainees* aplicados e inteligentes, e assim exigimos que, para ganhar a nossa atenção, as coisas e os assuntos nos expliquem por que a merecem. E isso eles podem fazer por meio da convincente prova fornecida pelo seu uso. O atraso na satisfação não sendo mais uma opção sensata, tanto a entrega quanto o uso, assim como a satisfação que os bens prometem, devem, além disso, ser instantâneos. As coisas devem estar prontas para consumo imediato. As tarefas devem produzir resultados antes que a atenção se desvie para outros esforços. Os assuntos devem gerar frutos antes que o entusiasmo pelo cultivo se acabe. Imortalidade? Eternidade? Ótimo – onde está o parque temático em que eu posso experimentá-los imediatamente?

Nós desembarcamos num país plena e verdadeiramente estranho... Uma terra desconhecida, inexplorada, não mapeada – nunca estivemos aqui, nunca ouvimos falar dela. Todas as culturas conhecidas, em todos os tempos, tentaram, com diferentes graus de sucesso e insucesso, estabelecer a ponte entre a brevidade da vida mortal e a eternidade do universo. Cada cultura ofereceu uma fórmula para essa proeza de alquimista: transformar substâncias primárias, frágeis e transitórias em metais preciosos capazes de resistir à erosão e de ser duradouros. Nossa geração talvez seja a primeira a nascer e viver sem uma fórmula dessas.

O cristianismo imbuiu a jornada humana sobre a Terra, risivelmente curta, da importância extraordinária de ser a única oportunidade de determinar a qualidade da existência espiritual eterna. Baudelaire via a missão do artista como sendo a de retirar a semente imortal do invólucro fugaz do momento. De Sêneca a Durkheim, os sábios viviam relembrando a todos que queriam ouvir que a verdadeira felicidade (diferentemente dos prazeres momentâneos e ilusórios) só poderia ser obtida em associação com coisas de duração maior que a vida corpórea de um ser humano. Para um leitor comum contemporâneo, tais sugestões são incompreensíveis e parecem redundantes. As pontes que ligam a vida mortal à eternidade, laboriosamente construídas durante milênios, caíram em desuso. Nunca antes vivemos num mundo desprovido de tais pontes. É muito cedo para dizer o que podemos encontrar, ou em que condições poderemos nos ver envolvidos, vivendo num mundo assim.

O filósofo de origem eslovena Slavoj Žižek produziu escritos arrebatadores contra a chamada identidade ocidental. Mas devemos observar com amargura que as atuais tensões internacionais estão sendo explicadas com a tese do choque de civilizações. Parece que todos os diferentes significados associados ao uso do termo "identidade" contribuem para minar as bases do pensamento universalista, cuidadoso como este é em manter o frágil equilíbrio entre direitos individuais e direitos coletivos. Um verdadeiro paradoxo, concorda?

Sim, a "identidade" é uma ideia inescapavelmente ambígua, uma faca de dois gumes. Pode ser um grito de guerra de indivíduos ou das comunidades que desejam ser por estes imaginadas. Num momento o gume da identidade é utilizado contra as "pressões coletivas" por indivíduos que se ressentem da conformidade e se apegam a suas próprias crenças (que "o grupo" execraria como preconceitos) e a seus próprios modos de vida (que "o grupo" condenaria como exemplos de "desvio" ou "estupidez", mas, em todo caso de anormalidade, necessitando ser curados ou punidos). Em outro momento é o grupo que volta o gume contra um grupo maior, acusando-o de querer devorá-lo ou destruí-lo, de ter a intenção viciosa e ignóbil de apagar a diferença de um grupo menor, forçá-lo ou induzi-lo a se render ao seu próprio "ego coletivo", perder prestígio, dissolver-se... Em ambos os casos, porém, a "identidade" parece um grito de guerra usado numa luta *defensiva*: um indivíduo contra o ataque de um grupo, um grupo menor e mais fraco (e por isso ameaçado) contra uma totalidade maior e dotada de mais recursos (e por isso ameaçadora).

Ocorre, contudo, que a faca da identidade também é brandida pelo outro lado – maior e mais forte. Esse lado deseja que não se dê importância às diferenças, que a presença delas seja aceita como inevitável e permanente, embora insista que elas não são suficientemente importantes para impedir a fidelidade a uma totalidade mais ampla que está pronta a abraçar e abrigar todas essas diferenças e todos os seus portadores.

Pôde-se ver a faca da identidade brandida nas duas direções e cortando dos dois lados nos períodos de "construção nacional": em defesa de línguas, memórias, costumes e hábitos locais, menores, contra "os da capital", que promoviam a homogeneidade e exigiam uniformidade – assim como na "cruzada cultural" organizada pelos defensores da unidade nacional que pretendiam extirpar o "provincianismo", o paroquialismo, o *esprit de clocher* das comunidades ou etnias locais. O próprio patriotismo nacional distribuiu as suas tropas em duas frentes: contra o "particularismo local", em nome do destino e dos interesses nacionais compartilhados; e contra o "cosmopolitismo sem raízes", que via e tratava os nacionalistas da mesma forma que os nacionalistas viam e tratavam os "provincianos grosseiros de mente limitada" devido à lealdade a idiossincrasias étnicas, linguísticas ou ritualísticas.

A identidade – sejamos claros sobre isso – é um "conceito altamente contestado". Sempre que se ouvir essa palavra, pode-se estar certo de que está havendo uma batalha. O campo de batalha é o lar natural da identidade. Ela só vem à luz no tumulto da batalha, e dorme e silencia no momento em que desaparecem os ruídos da refrega. Assim, não se pode evitar que ela corte dos dois lados. Talvez possa ser conscientemente *descartada* (e comumente o é, por filósofos em busca de elegância lógica), mas não pode ser *eliminada* do pensamento, muito menos *afastada* da experiência humana. A identidade é uma luta simultânea contra a dissolução e a fragmentação; uma intenção de devorar e ao mesmo tempo uma recusa resoluta a ser devorado...

Ao menos em sua essência pura e explicitamente admitida, o liberalismo e o comunitarismo são duas tentativas opostas de transformar a faca da identidade num sabre de uma só ponta. Eles assinalam os polos imaginários de um *continuum* ao longo do qual se disputam todas as verdadeiras batalhas pela identidade e se traçam todas as práticas identitárias. Cada um deles só explora plenamente um dos dois valores similarmente acalentados e igualmente indispensáveis para uma existência humana decente e madura: a *liberdade* de escolha e a *segurança* oferecida pelo pertencimento. E o fazem, explícita ou implicitamente, elevando um dos dois valores e rebaixando o outro. Mas as "batalhas por identidade realmente travadas" e as "práticas identitárias realmente executadas" não chegam nem perto da pureza das teorias e plataformas políticas declaradas. São, e não podem deixar de ser, misturas das demandas "liberais" pela liberdade de autodefinição e autoafirmação, por um lado, e dos apelos "comunitários" a uma "totalidade maior do que a soma das partes", bem como à prioridade sobre os impulsos destrutivos de cada uma das partes, por outro.

Os dois postulados se colocam, estranhamente, um ao lado do outro. Sua companhia parece "fazer sentido" quando declarada nos termos concretos dos conflitos específicos (genuínos ou supostos) – "Você precisa submeter os seus interesses pessoais em benefício da solidariedade de que o seu grupo necessita para resistir a um grupo ainda maior que pretende tirar de você tudo que lhe é caro e violar os seus interesses. Unidos venceremos, separados seremos derrotados" –, mas não se expressa em termos dos princípios universais que são e continuarão sendo incompatíveis. Na prática das guerras por identidade, princípios comunitários e liberais são alistados e dispostos no campo de batalha próximos uns dos outros. Extraídos da confusão acalorada do campo de batalha e submetidos ao julgamento da razão fria, contudo, eles imediatamente reassumem a oposição. A vida é mais rica, e menos elegante, do que quaisquer princípios que pretendam orientá-la... Isso não significa, porém, que os filósofos um dia parem de tentar endireitar o torto e conciliar o incompatível. (Um exemplo recente é a tentativa de Will Kymlicka de, pela argumentação, afastar o caso da confusão do campo de batalha com o propósito de conduzir não apenas a um armistício temporário, mas a uma afinidade essencial e uma aliança permanente entre os benignos princípios liberais e as duras exigências comunitárias. É tentador levar o raciocínio de Kymlicka *ad absurdum* e sugerir que aquilo que ele propõe é, em última instância, que o dever de aceitar a pressão do grupo e submeter-se a suas demandas é parte indispensável do projeto de lei liberal dos "direitos individuais".) Embora engenhosos e logicamente elegantes, os esforços filosóficos no intuito de eliminar essa genuína contradição da existência por meio da argumentação dificilmente teriam grande impacto sobre as atuais guerras de identidade (não considerando oferecerem a absolvição e a bênção). Podem, entretanto, exercer uma influência bem adversa sobre a clareza de nossa visão e da compreensão daquilo que vemos. Caminham perigosamente próximos da "novilíngua" de George Orwell.

Creio que todas essas considerações confirmam a sua suspeita de que "diferentes significados associados ao uso do termo 'identidade' contribuem para minar as bases do pensamento universalista". As batalhas de identidade não podem realizar a sua tarefa de identificação sem dividir tanto quanto, ou mais do que, unir. Suas intenções includentes se misturam com (ou melhor, são complementadas por) suas intenções de segregar, isentar e excluir.

Há apenas uma exceção a essa regra – a *allgemeine Vereinigung der Menschheit* de Kant, a verdadeira e plenamente includente identidade da raça humana –, a qual, em sua visão, era exatamente o que a Natureza, tendo nos colocado num planeta esférico, deveria ter visualizado para o nosso futuro. Em nossa prática atual, no entanto, a "humanidade" é somente uma das inumeráveis identidades presentemente engajadas numa guerra de atrito mútuo. A despeito da verdade ou inverdade da suposição de Kant de que a unidade da espécie humana havia sido predeterminada como o resultado dessa guerra, a "humanidade" não parece gozar de nenhuma vantagem evidente em termos de armas ou estratégia em comparação com outros lutadores menores em tamanho, mas aparentemente mais versáteis e dotados de melhores recursos. Tal como outras identidades postuladas, o ideal de "humanidade" como uma identidade plenamente abrangente só pode basear-se, em última instância, na dedicação de seus adeptos postulados.

Ao lado de seus competidores menos includentes, a "humanidade" parece até agora prejudicada e mais fraca, e não privilegiada e mais forte. Diferentemente de muitas outras identidades concorrentes, ela carece de instrumentos coercivos – instituições políticas, códigos jurídicos, tribunais de justiça, polícia – que poderiam dar coragem ao medroso, determinação ao hesitante e solidez às realizações das missões proselitistas. Como já vimos anteriormente, o "espaço de fluxos" planetário é uma "área livre da política e da ética". Qualquer ancoragem disponível para os princípios da política, do direito e da ética está até agora sob a administração de identidades menos includentes, parciais e divisivas.

Não importa o quanto tentemos estender a nossa imaginação, a luta da humanidade por autoafirmação não parece fácil, muito menos uma conclusão inevitável. Sua tarefa não é apenas repetir mais uma vez um feito realizado muitas vezes ao longo da história da espécie humana: substituir uma identidade mais estrita por outra, mais inclusiva, e afastar a fronteira da exclusão. O tipo de desafio enfrentado pelo ideal de "humanidade" não foi confrontado anteriormente, pois uma "comunidade plenamente inclusiva" jamais esteve na ordem do dia. Esse desafio deve ser enfrentado hoje por uma espécie humana fragmentada, profundamente dividida, desprovida de todas as armas, exceto o entusiasmo e a dedicação de seus militantes.

Há, entretanto, uma nação que tem tentado institucionalizar a presença simultânea de identidades coletivas, mas específicas, e, ao fazê-lo, acabou quase que relegando o caráter universalista do direito moderno a umas poucas normas apenas. Refiro-me, evidentemente, aos Estados Unidos. Mesmo nesse caso, porém, devemos observar que colocar em questão um arcabouço institucional mutável com base no reconhecimento de identidades parciais se fez em nome de identidades ancestrais. O que não funcionou na mistura de raças?

Mais uma vez a sua observação vai direto ao ponto. As duas coisas caminham em par – a debilidade do conjunto de crenças, símbolos e normas que une todos os membros da sociedade politicamente organizada, e a riqueza, densidade e diversidade dos símbolos identitários alternativos (étnicos, históricos, religiosos, sexuais, linguísticos etc.). Há outros exemplos semelhantes aos Estados Unidos (mesmo que a mistura de raças seja uma invenção e um sonho especificamente norte-americanos). A situação é bem similar em outras "terras de colonos" (Austrália, Canadá) em que os imigrantes não encontraram uma cultura historicamente formada, dominante e inconteste que pudesse servir de padrão de adaptação e assimilação para todo o recém-chegado, exigindo e obtendo a obediência universal. Um bom número de imigrantes escolheu o novo país esperando, pelo contrário, manter, desenvolver e praticar, sem ser perturbados, as distinções religiosas ou étnicas que estavam ameaçadas em seus países de origem. Nos Estados Unidos, na Austrália ou no Canadá, a única coisa exigida dos recém-chegados era que jurassem fidelidade às leis do país (algo como o "patriotismo constitucional" de Habermas) – fora isso, era-lhes prometida (e garantida) a liberdade total em todos os assuntos sobre os quais a constituição silenciasse.

O que se considerava obrigatório como condição de cidadania tinha muito pouco conteúdo para constituir uma identidade de puro sangue, e assim, num grau maior do que em outros lugares, a tarefa de construir uma identidade plena se tornou um trabalho do tipo "faça você mesmo". E ela foi assumida e praticada como tal. Os Estados Unidos são uma terra não apenas de muitas etnias e seitas religiosas, mas também de ampla, contínua e obsessiva experimentação com todos os tipos de "matérias-primas" que possam ser usados para dar forma a uma identidade. Quase todos os materiais têm sido experimentados, e o que não foi tentado acabará sendo – e o mercado de consumo se rejubila, enchendo galpões e prateleiras com os novos símbolos de identidade, originais e tentadores, já que não foram provados nem testados. Há também um outro fenômeno a observar: a expectativa de vida cada vez menor da maioria das identidades simuladas, conjugada à crescente velocidade da renovação dos seus estoques. As biografias individuais são, com demasiada frequência, histórias de identidades descartadas...

A julgarmos o resultado disso tudo pelo exemplo norte-americano, tal reação aos problemas de identidade não se mostrou uma bênção absoluta. Com o Estado político planejadamente neutro e indiferente à "indústria doméstica" das identidades, e abstendo-se de uma avaliação dos valores relativos das escolhas culturais, bem como de promover um modelo compartilhado de convívio, há poucos valores, se é que há algum, capazes de manter a sociedade unida. O *"American way of life"*, a que os políticos norte-americanos constantemente se referem se condensa, em última instância, na ausência de qualquer "modo de vida" reconhecido e universalmente praticado que não seja o consenso, assumido de boa vontade ou com relutância, de deixar a escolha do "modo de vida" à iniciativa privada e aos recursos à disposição dos cidadãos como indivíduos. Quando se trata de preferências e escolhas culturais, talvez haja mais desavenças e antagonismos do que unidade. Os conflitos são numerosos e tendem a ser amargos e violentos. Essa é uma ameaça constante à integração social – e também ao sentimento de segurança e autoafirmação individual. Isso, por sua vez, cria e mantém um estado de alta ansiedade. Como um assunto individual conduzido com poucos pontos de orientação (e que mudam constantemente), a tarefa de construir uma identidade própria, torná-la coerente e submetê-la à aprovação pública exige atenção vitalícia, vigilância constante, um enorme e crescente volume de recursos e um esforço incessante sem esperança de descanso. A ansiedade aguda resulta disso e procura canais de escoamento: precisa descarregar os seus excedentes. Daí a tendência a procurar "apoios à unidade" substitutos – inimigos compartilhados sobre os quais se possam descarregar o ódio acumulado, o pânico moral e os acessos de paranoia coletiva. Há uma demanda constante por inimigos públicos (os "comunistas debaixo da cama", a "subclasse", ou simplesmente "os que nos odeiam" ou "os que odeiam nosso modo de vida") contra os quais indivíduos fragmentados, zelosos de sua privacidade e mutuamente desconfiados podem unir-se numa versão diária dos "cinco minutos de ódio" de George Orwell. O patriotismo, em sua forma "constitucional", pode tornar-se, ao que parece, um assunto violento, cheio de som e fúria. A lealdade à lei do país exige ser suplementada pelo ódio ou pelos temores compartilhados.

Para continuar o debate sobre a mistura de raças, gostaria de sugerir-lhe um tópico que implica respostas ambivalentes. Refiro-me à crítica de algumas intelectuais e filósofas feministas ao conceito de identidade. Mesmo nesse caso poderíamos dizer, parafraseando Jean-Paul Sartre, que nascer mulher não é suficiente para nos tornar mulher. Parece-me que isso está presente em algumas contribuições recentes oriundas da teoria feminista. Ou seja, o fato de que a identidade não é vista como coisa imutável, mas como algo em progresso, como um processo. Uma boa forma de sair da gaiola da identidade, não concorda?

A natureza provisória de toda e qualquer identidade e de toda e qualquer escolha entre a infinitude de modelos culturais à disposição não é uma descoberta das feministas, muito menos invenção delas.

A ideia de que nada na condição humana é dado de uma vez por todas ou imposto sem direito de apelo ou reforma – de que tudo que é precisa primeiro ser "feito" e, uma vez feito, pode ser mudado infinitamente – acompanhou a era moderna desde o início. De fato, a mudança obsessiva e compulsiva (chamada de várias maneiras: "modernização", "progresso", "aperfeiçoamento", "desenvolvimento", "atualização") é a essência do modo moderno de ser. Você deixa de ser "moderno" quando para de "modernizar-se", quando abaixa as mãos e para de remendar o que você é e o que é o mundo a sua volta.

A história moderna também foi (e ainda é) um esforço contínuo para afastar os limites do que pode ser mudado à vontade pelos seres humanos e "aperfeiçoado" para melhor se adequar às necessidades ou desejos destes. Foi também uma busca incessante por ferramentas e *know-how* que permitissem que os derradeiros limites fossem cancelados e abolidos completamente. Chegamos ao ponto da esperança de manipular a composição genética dos seres humanos, que até recentemente era o exemplo perfeito da imutabilidade, da "natureza" a que os seres humanos devem obedecer. Seria estranho, sem dúvida, se até mesmo as facetas consideradas mais obstinadas da identidade, como o tamanho e a forma do corpo ou o seu sexo, permanecessem por muito tempo como uma exceção resistente a essa tendência moderna totalmente abrangente.

Levou alguns séculos para elevar os sonhos de Pico della Mirandola (de os seres humanos se tornarem como o lendário Proteu, que alterava a sua forma de um momento para o outro e extraía o que quisesse naquele instante de um recipiente de possibilidades sem fundo) em termos de credo universal. A liberdade de alterar qualquer aspecto e aparência da identidade individual é algo que a maioria das pessoas hoje considera prontamente acessível, ou pelo menos vê como uma perspectiva realista para o futuro próximo.

Selecionar os meios necessários para conseguir uma identidade alternativa de sua escolha não é mais um problema (isto é, se você tem dinheiro suficiente para adquirir a parafernália obrigatória). Está à sua espera nas lojas um traje que vai transformá-lo imediatamente no personagem que você quer ser, quer ser visto sendo e quer ser reconhecido como tal. Só para dar um exemplo bem recente: após a introdução das "multas em decorrência dos congestionamento" para quem dirigir carros no centro de Londres, ser "piloto de motoneta" se tornou imediatamente algo obrigatório para os londrinos preocupados com a moda (mas não, obviamente, por muito tempo...). Não foi só a motoneta que se tornou "um *must*", mas também os trajes especialmente desenhados, indispensáveis para qualquer um que deseje apresentar em público a sua nova "identidade de piloto de motoneta" – como uma jaqueta de couro da Dolce & Gabana, um tênis vermelho de cano alto da Adidas, um capacete prateado da Gucci ou óculos de sol ao estilo atlético com lentes amarelas da Jill Sander...

Por outro lado, o verdadeiro problema e atualmente a maior preocupação é a incerteza oposta: qual das identidades alternativas escolher e, tendo-se escolhido uma, por quanto tempo se apegar a ela? Se no passado a "arte da vida" consistia principalmente em encontrar os meios adequados para atingir determinados fins, agora se trata de testar, um após o outro, todos os (infinitamente numerosos) fins que se possam atingir com a ajuda dos meios que já se possui ou que estão ao alcance. A construção da identidade assumiu a forma de uma experimentação infindável. Os experimentos jamais terminam. Você assume uma identidade num momento, mas muitas outras, ainda não testadas, estão na esquina esperando que você as escolha. Muitas outras identidades não sonhadas ainda estão por ser inventadas e cobiçadas durante a sua vida. Você nunca saberá ao certo se a identidade que agora exibe é a melhor que pode obter e a que provavelmente lhe trará maior satisfação.

O equipamento sexual de seu corpo é exatamente um desses recursos à disposição que, como todos os outros, pode ser usado para todo o tipo de propósito e colocado a serviço de uma ampla gama de objetivos. O desafio, ao que parece, é esticar ao máximo o potencial de geração de prazer desse "equipamento natural" – testando, uma por uma, todas as formas conhecidas de "identidade sexual" e talvez inventando outras mais no caminho.

Um dos fenômenos mais inquietantes que temos testemunhado é o fundamentalismo religioso. Além das discussões teológicas que têm acompanhado a difusão desses movimentos, o seu caráter essencialmente político me parece autoevidente, sejam na Índia, no mundo árabe ou mesmo no conservadorismo religioso nos Estados Unidos. Esse fenômeno já chegou até mesmo ao Estado de Israel. O que você pensa do fundamentalismo religioso?

As três grandes religiões – cristianismo, islamismo e judaísmo – têm, todas elas, os seus fundamentalismos. E podemos presumir que o fundamentalismo religioso contemporâneo seja um efeito combinado de dois desenvolvimentos em parte relacionados, em parte distintos.

Um deles é a erosão – e a ameaça de mais erosão – da essência, do rígido cânone que mantinha unida a congregação de fiéis. Esse cânone está cada vez mais desgastado e borrado em suas bordas, sua costura se desfazendo e até se despedaçando. As seitas, que as igrejas veem com apreensão como, comprovadamente, a maior ameaça à sua unidade, se multiplicam – e as igrejas são forçadas a assumir a posição de fortalezas sitiadas e/ou instituições em "contrarreforma permanente". O cânone da fé precisa ser defendido a unhas e dentes e reafirmado diariamente, distração é suicídio, vigilância é a ordem do dia, a "quinta coluna" (qualquer coisa indiferente e hesitante no interior da congregação) deve ser identificada a tempo e cortada pela raiz.

O outro desenvolvimento talvez possa ter as mesmas raízes (ou seja, a nova forma líquida que a vida moderna assumiu), mas diz respeito basicamente aos selecionadores involuntários/compulsivos que todos nós nos tornamos em nosso ambiente social desregulamentado, fragmentado, indefinido, indeterminado, imprevisível, desconjuntado e amplamente incontrolável. Já enfatizei algumas vezes que, com todas as suas cobiçadas vantagens, a condição de vida de um selecionador-por-necessidade é também uma experiência totalmente desalentadora. A sua vida é uma vida insegura. O valor conspicuamente ausente é o da fé e o da confiança, e assim também o da autoafirmação. O fundamentalismo (incluindo o religioso) oferece esse valor. Invalidando antecipadamente todas as proposições concorrentes e recusando o diálogo e a discussão com dissidentes e "heréticos", ele instila um sentimento de certeza e elimina todas as dúvidas do código de comportamento simples, de fácil absorção, que oferece. Transmite uma confortável sensação de segurança a ser ganha e saboreada dentro dos muros altos e impenetráveis que isolam o caos reinante lá fora.

Certas variedades de igrejas fundamentalistas são particularmente atraentes para a parcela destituída e empobrecida da população, aqueles que são privados da dignidade humana e humilhados – pessoas que praticamente só podem contemplar, com um misto de inveja e ressentimento, a festança consumista e as maneiras despreocupadas dos abastados (os muçulmanos negros nos Estados Unidos e os imigrantes sefardis reunindo-se na sinagoga oriental num Estado de Israel governado por asquenazes são exemplos espetaculares, embora estejam longe de ser os únicos). Para essas pessoas, as congregações fundamentalistas fornecem um abrigo tentador e agradável que não pode ser encontrado em outros lugares. Essas congregações assumem obrigações e deveres abandonados por um Estado social em processo de encolhimento. Também oferecem o ingrediente mais penosamente ausente de uma vida digna, e que a sociedade em geral lhes recusa: um senso de propósito, de uma vida (ou morte) significativa, de um lugar correto e decente no sistema geral das coisas. Também prometem defender a sua fé contra as "identidades" vigentes, estereotipantes e estigmatizantes impostas pelas forças que governam o "mundo lá fora" inóspito e hostil – ou mesmo voltam as acusações contra os acusadores, proclamando que "o negro é lindo" e assim transformando os supostos passivos em ativos.

O fundamentalismo (incluindo o religioso) não é apenas um fenômeno religioso. Sua energia tem muitas fontes. Para ser plenamente entendido, deve ser visto contra o pano de fundo da nova desigualdade e da injustiça incontrolável que reinam no espaço global.

Ao longo dos últimos anos, temos testemunhado o crescimento de um tipo muito diferenciado de movimento social que é contra a globalização neoliberal. Um movimento que frequentemente fala as línguas das identidades locais, ameaçadas pelo desenvolvimento econômico. Entretanto, eu sinto que, nesse mesmo movimento, parece haver uma forte ambivalência. A identidade pode ser um caminho para a emancipação, mas também uma forma de opressão. O que você pensa disso?

Evidentemente, é cedo demais para fazer a avaliação final do significado histórico dos chamados movimentos "antiglobalização". Penso, diga-se de passagem, que o termo é equivocado. Não se pode ser "contra a globalização", da mesma forma que não se pode ser contra um eclipse do Sol. O problema, e o próprio tema do movimento, não é como "desfazer" a unificação do planeta, mas como domar e controlar os processos, até agora selvagens, da globalização – e como transformá-los de ameaça em oportunidade para a humanidade.

Uma coisa, porém, precisa ficar clara: "pense globalmente, aja localmente" é um lema mal concebido e até perigoso. Não há soluções locais para problemas gerados globalmente. Os problemas globais só podem ser resolvidos, se é que podem, por ações globais. Buscar salvar-se dos efeitos perniciosos da globalização descontrolada e irrefreada retirando-se para um bairro aconchegante, fechando os portões e baixando as janelas só ajuda a perpetuar as condições de ilegalidade ao estilo "faroeste" ou "terra de ninguém", de estratégias do tipo "salve-se quem puder", de desigualdade feroz e vulnerabilidade universal. As forças globais descontroladas e destrutivas se nutrem da fragmentação do palco político e da cisão de uma política potencialmente global num conjunto de egoísmos locais numa disputa sem fim, barganhando por uma fatia maior das migalhas que caem da mesa festiva dos barões assaltantes globais. Qualquer um que defenda "identidades locais" como um antídoto contra os malefícios dos globalizadores está jogando o jogo deles – e está nas mãos deles.

A globalização atingiu agora um ponto em que não há volta. Todos nós dependemos uns dos outros, e a única escolha que temos é entre garantir mutuamente a vulnerabilidade de todos e garantir mutuamente a nossa segurança comum. Curto e grosso: ou nadamos juntos ou afundamos juntos. Creio que pela primeira vez na história da humanidade o autointeresse e os princípios éticos de respeito e atenção mútuos de todos os seres humanos apontam na mesma direção e exigem a mesma estratégia. De maldição, a globalização pode até transformar-se em bênção: a "humanidade" nunca teve uma oportunidade melhor! Se isso vai acontecer, se a chance será aproveitada antes que se perca, é, porém, uma questão em aberto. A resposta depende de nós.

Não vivemos o fim da história, nem mesmo o princípio do fim. Estamos no limiar de outra grande transformação: as forças globais descontroladas, e seus efeitos cegos e dolorosos, devem ser postas sob o controle popular democrático e forçadas a respeitar e observar os princípios éticos da coabitação humana e da justiça social. Que formas institucionais essa transformação produzirá, ainda é difícil conjeturar: a história não pode ser objeto de uma aposta antecipada. Mas podemos estar razoavelmente seguros de que o teste pelo qual essas formas terão de passar para poderem cumprir o papel pretendido será o de elevar as nossas identidades ao nível mundial – ao nível da humanidade.

Cedo ou tarde teremos de tirar conclusões de nossa irreversível dependência mútua. A menos que se faça isso, todos os ganhos que os grandes e poderosos obtêm em condições de desordem global (e que os fazem ofender-se e resistir diante de qualquer tentativa de estabelecer instituições mundiais de controle, direito e justiça democráticos) continuarão sendo obtidos a custos enormes em termos da qualidade de vida e da dignidade de incontáveis seres humanos, aumentando ainda mais a insegurança e a fragilidade, já terríveis, do mundo que habitamos conjuntamente.

Um dos meios, dos instrumentos de jogar com a identidade é a internet. De fato, na rede mundial de computadores podemos nos comunicar criando falsas identidades. Você não acha que a questão da identidade, especificamente no ciberespaço, se desintegra até se tornar apenas um passatempo?

Em nosso mundo fluido, comprometer-se com uma única identidade para toda a vida, ou até menos do que a vida toda, mas por um longo tempo à frente, é um negócio arriscado. As identidades são para usar e exibir, não para armazenar e manter. Isso tudo já se segue ao que conversamos até aqui. Mas se é essa a condição em que todos nós temos de conduzir, a contragosto, os nossos assuntos do dia a dia, seria insensato culpar os recursos eletrônicos, como os grupos de bate-papo da internet ou as "redes" de telefones celulares, pelo estado das coisas. É justamente o contrário: é porque somos incessantemente forçados a torcer e moldar as nossas identidades, sem ser permitido que nos fixemos a uma delas, mesmo querendo, que instrumentos eletrônicos para fazer exatamente isso nos são acessíveis e tendem a ser entusiasticamente adotados por milhões.

Você diz "falsas identidades"... mas só pode dizer isso pressupondo que exista algo como uma única "identidade verdadeira". Essa pressuposição, entretanto, não parece verossímil para pessoas que vivem correndo atrás de modismos passageiros –

sempre e apenas *modismos*, mas sempre *obrigatórios* enquanto estiverem na moda... Foi assim que Peer Gynt, o herói de Henrik Ibsen, obcecado a vida toda por encontrar a sua "verdadeira identidade", resumiu a sua estratégia existencial: "Tentei fazer o tempo parar – dançando!"
Peer Gynt, a peça cujo texto foi publicado em 1867, deveria ser lida e sobre ela se deveria ponderar nos dias de hoje por todas as pessoas frustradas e perturbadas pelo caráter ilusório da identidade – e isso significa, com efeito, todo mundo. Todos os problemas atuais foram, profeticamente, previstos e abordados nela.

Aquilo que Peer Gynt temia acima de tudo era "saber que você nunca consegue libertar-se", e "ficar preso" a uma identidade "pelo resto de seus dias".[29] "Essa coisa de não se ter um plano de retirada... Essa é uma condição à qual nunca vou me acomodar." Por que essa perspectiva era tão aterrorizante? Porque "quem sabe o que está depois da esquina?". O que hoje parece belo, confortável e nobre pode vir a ser, uma vez atravessada a esquina, feio, desajeitado e desprezível. Para escapar a essa eventualidade nada invejável, Peer Gynt decide-se pelo que só podemos chamar de "golpes preventivos": "Toda a arte de assumir riscos, / de agir usando o poder da mente, / é esta: manter a sua liberdade de escolha", "saber que outros dias virão", "saber que atrás de você sempre há / uma ponte, se precisar bater em retirada". Para fazer essa estratégia frutificar, Peer Gynt resolve (equivocadamente, como se dá a perceber no fim da história) "cortar os laços que te estão prendendo / em toda parte, ao lar e aos amigos – / lançar aos céus todos os teus bens terrenos – / dar um carinhoso adeus aos prazeres do amor". Mesmo ser imperador pode ser um negócio arriscado, carregado de obrigações e sujeições em demasia. Gynt desejava apenas ser "o Imperador da Experiência Humana". Ele seguiu essa estratégia do princípio ao fim, apenas para indagar ao fim de sua longa vida, confuso, triste e perplexo: "onde esteve Peer Gynt todos esses anos?... Onde estive eu mesmo, o pleno, o verdadeiro homem?" Somente Solveig, o grande amor de sua juventude, que permaneceu fiel quando o seu amor resolveu tornar-se o Imperador da Experiência Humana, poderia responder a essa pergunta – e o fez. Onde estavas? "Na minha fé, na minha esperança e no meu amor."

Hoje em dia, um século e meio depois, somos consumidores numa sociedade de consumo. A sociedade de consumo é a sociedade do mercado. Todos estamos *dentro* e *no* mercado, ao mesmo tempo clientes e mercadorias. Não admira que o uso/consumo das relações humanas, e assim, por procuração, também de nossas identidades (nós nos identificamos em referência a pessoas com as quais nos relacionamos), se emparelhe, e rapidamente, com o padrão de uso/consumo de carros, imitando o ciclo que se inicia na aquisição e termina no depósito de supérfluos.

Um número crescente de observadores tem a razoável expectativa de que amigos e amizades desempenhem um papel vital em nossa sociedade profundamente individualizada. Com as estruturas dos tradicionais sustentáculos da coesão social em processo de desagregação acelerada, as relações tecidas com a amizade poderiam tornar-se nossos coletes ou botes salva-vidas. Ray Pahl, destacando que em nossos tempos de amizades escolhidas, "a relação social arquetípica da escolha" é a nossa escolha natural, chama a amizade de "comboio social" da vida na modernidade tardia.[30] A realidade, contudo, parece ser um pouco menos direta. Nesta vida "moderna tardia", ou líquido-moderna, os relacionamentos são um assunto ambíguo e tendem a ser o foco da mais aguda e enervante ambivalência: o preço da companhia que todos nós ardentemente desejamos é invariavelmente o abandono, pelo menos parcial, da independência, não importa o quanto possamos desejar aquela sem este...

A ambivalência contínua resulta em dissonância cognitiva, estado mental notoriamente aviltante, incapacitante e difícil de aguentar. Traz, por sua vez, o repertório usual de estratagemas atenuantes, entre os quais o rebaixamento, o menosprezo e a depreciação de um desses dois valores inconciliáveis constituem o recurso mais comum. Submetidos a pressões contraditórias, muitos relacionamentos, de qualquer modo destinados a durar apenas "até segunda ordem", terminarão. Terminar é uma expectativa razoável, algo a se pensar antecipadamente e para o que se deve estar preparado. Quando a alta probabilidade da perda é calculada no processo de atar os laços do relacionamento, a precaução e a prudência aconselham a tomar cuidado com a pilha de lixo com muita antecedência. Afinal, planejadores prudentes não se arriscariam (pelo menos nos Estados Unidos) a começar a construir um prédio sem terem obtido a permissão para demoli-lo; generais relutam em enviar as suas tropas para a batalha sem que se preveja um cenário de retirada verossímil; e empregadores de toda parte se queixam de que o custo dos direitos adquiridos pelos empregados e as restrições impostas no que se refere à demissão destes é que tornam praticamente impossível ampliar o nível de emprego.

As parcerias de engajamento instantâneo, consumo rápido e descarte imediato têm seus efeitos colaterais desagradáveis. O espectro da pilha de lixo nunca está distante. Afinal de contas, a velocidade e os depósitos de lixo estão disponíveis a ambos os lados. Você pode acabar numa situação como a descrita por Oliver James: envenenado por uma "constante sensação de que faltam outras pessoas em sua vida, com sentimentos de vazio e solidão semelhantes ao de privação".[31] Você pode "temer eternamente ser abandonado por parceiros amorosos e amigos".

O que todos nós parecemos temer, quer estejamos ou não sofrendo de "depressão dependente", seja à luz do dia ou assombrados por alucinações noturnas, é o abandono, a exclusão, ser rejeitado, ser banido, ser repudiado, descartado, despido daquilo que se é, não ter permissão de ser o que se deseja ser. Temos medo de nos deixarem sozinhos, indefesos e infelizes. Tememos que nos neguem companhia, corações amorosos, mãos amigas. Receamos ser atirados ao depósito de sucata. O que mais nos faz falta é a certeza de que isso não vai acontecer – não conosco. Sentimos falta da garantia de exclusão da ameaça universal e ubíqua da exclusão...

Os horrores da exclusão emanam de duas fontes, embora raramente tenhamos clareza sobre sua natureza, muito menos nos esforcemos para distingui-las entre si. Ocorrem as mudanças e os deslocamentos aparentemente aleatórios, fortuitos e totalmente imprevisíveis daquilo que, por falta de um nome mais preciso, chamamos de "forças da globalização". Elas transformam a ponto de tornarem irreconhecíveis, e sem aviso, as paisagens e perfis urbanos a nós familiares em que costumávamos lançar as âncoras de uma segurança duradoura e confiável. Elas realocam as pessoas e destroem as suas identidades sociais. Podem transformar-nos, de um dia para outro, em vagabundos sem teto, endereço fixo ou identidade. Podem retirar os nossos registros de identidade ou invalidar as identidades registradas. E nos lembram, dia após dia, que podem fazer tudo isso com impunidade – quando jogam nas soleiras de nossa porta aquelas pessoas que já foram rejeitadas, forçadas a fugir para salvar a vida ou a se afastar de casa para obter meios de permanecer vivas, despojadas de sua identidade e autoestima. Hoje em dia, nada nos faz falar de modo mais solene ou prazeroso do que as "redes" de "conexão" ou "relacionamentos", só porque a "coisa concreta" – as redes firmemente entretecidas, as conexões firmes e seguras, os relacionamentos plenamente maduros – praticamente caiu por terra.

Eu precisava desta versão alongada para confrontar a sua pergunta: explicar que, se falamos compulsivamente sobre redes e tentamos obsessivamente evocá-las (ou pelo menos evocar os seus fantasmas), a partir dos "namoros rápidos" e dos encantamentos mágicos dos "sistemas de mensagens" dos telefones celulares, é porque sentimos dolorosamente a falta das redes seguras que as verdadeiras redes de parentesco, amizade e irmandade de destino costumavam oferecer de maneira trivial, com ou sem os nossos esforços. As agendas dos celulares ocupam o lugar da comunidade que nos falta, e esperança é que substituam a intimidade perdida. Espera-se que aguentem uma carga de expectativas que lhes é impossível levantar, muito menos sustentar.

Andy Hargreaves, se posso citá-lo uma vez mais, escreve sobre as "séries episódicas de interações diminutas" que estão cada vez mais substituindo "as conversas familiares e os relacionamentos sólidos".[32] Expostos aos "contatos facilitados" pela tecnologia eletrônica, perdemos a habilidade de nos engajar em interações espontâneas com pessoas reais. Na verdade, ficamos com vergonha dos contatos frente a frente. Tendemos a pegar os celulares e apertar furiosamente as suas teclas e escrever mensagens a fim de escaparmos de ser transformados em reféns do destino – no intuito de escaparmos de interações complexas, confusas, imprevisíveis, difíceis de interromper e de abandonar com as "pessoas reais" que estão fisicamente à nossa volta. Quanto mais amplas (ainda que mais superficiais) são as nossas comunidades fantasmas, mais atemorizante parece a tarefa de construir e manter as verdadeiras.

Como sempre, os mercados de consumo estão ávidos para nos livrar desse destino. Seguindo uma indicação de Stjepan Mestrovic,[33] Hargreaves sugere que "as emoções são extraídas desse mundo faminto por tempo e de relacionamentos atrofiados e reinvestidas em produtos de consumo. A publicidade associa os automóveis com a paixão e o desejo, e os telefones celulares com a inspiração e a lascívia." Não importa, porém, por mais que tentem os comerciantes, a fome que prometem saciar não desaparece. Os seres humanos podem ser reciclados em produtos de consumo, mas estes não podem ser transformados em seres humanos. Não em seres humanos do tipo que inspira a nossa busca desesperada por raízes, parentesco, amizade e amor – não em seres humanos com que possamos *identificar-nos*.

Deve-se admitir que os substitutos consumíveis têm uma vantagem sobre a "coisa concreta". Prometem libertar-nos das agruras da negociação interminável e do compromisso incômodo. Juram pôr um fim à desconfortável necessidade de autossacrifícios, concessões e consentimento mútuo que todos os vínculos íntimos e amorosos cedo ou tarde exigirão. Eles vêm com a oferta de recuperar as suas perdas se você achar difícil suportar todos esses esforços. Seus vendedores também oferecem a substituição fácil e frequente dos produtos no momento em que você não veja mais utilidade para eles, ou quando outros produtos, novos, aperfeiçoados e ainda mais sedutores, apareçam pela frente. Em suma, os bens de consumo encarnam a extrema revogabilidade e falta de finalidade das escolhas e a extrema descartabilidade dos objetos escolhidos. Mais importante ainda, parecem colocar-nos sob controle. Somos nós, os consumidores, que traçamos a linha entre o que é útil e o que é lixo. Tendo produtos de consumo como parceiros, podemos parar de nos preocupar em terminarmos no depósito de lixo. Podemos mesmo?

Do meu ponto de vista, a última pergunta sobre a internet pede que atentemos para o papel dos novos meios de comunicação na formação da opinião pública e da identidade coletiva. O que eu tenho em mente? Para mim, o livro precisa examinar dois outros temas: a identidade e os novos meios de comunicação, assim como a "política da identidade" (a crise do multiculturalismo).

Já discutimos antes esse tema controverso, o "multiculturalismo". Eu disse então que o que é carne para alguns pode ser veneno para outros. A proclamação da "era multicultural" reflete, em minha opinião, a experiência de vida da nova elite global, a qual, sempre que viaja (e ela viaja muito, seja por avião ou na rede mundial de computadores), encontra outros membros da mesma elite global que falam a mesma língua e se preocupam com as mesmas coisas. Fazendo palestras pela Europa e outros lugares, tem me chocado o fato de as perguntas da plateia serem as mesmas em toda parte...

A proclamação da era multicultural é, entretanto, ao mesmo tempo uma declaração de intenções: uma recusa a fazer um julgamento e assumir uma posição; uma declaração de indiferença, de eximir-se em relação a pequenas querelas com referência a estilos de vida ou valores preferidos. Ela revela o caráter "culturalmente onívoro" da elite global: vamos tratar o mundo como uma gigantesca loja de departamentos com prateleiras cheias das mais variadas ofertas, e vamos ficar livres para vagar de um andar para o outro, experimentando e testando cada artigo à mostra, escolhendo-os segundo nossa vontade. Essa é uma atitude de gente que viaja – mesmo quando permanece em suas casas ou escritórios. Não é, porém, uma atitude fácil de adotar para a grande maioria dos habitantes do planeta, que permanece presa ao local de nascimento e, se desejasse ir para outros lugares em busca de uma vida melhor ou simplesmente diferente, seria detido na fronteira mais próxima, confinada em campos para "imigrantes ilegais" ou "enviada de volta para casa". Essa maioria é excluída do banquete mundial. Para ela não existe "bazar multicultural". Seus membros frequentemente se encontram, como apontou Maria Markus, num estado de "existência suspensa",[34] apegando-se à imagem de um passado perdido, mas que se sonha restaurar, e à do presente como uma aberração resultante do trabalho das forças do mal. Eles "se isolam" na atordoante cacofonia das mensagens culturais.

Em nenhum momento dos últimos dois séculos, mais ou menos, as linguagens faladas respectivamente pelas elites instruídas e abastadas e pelo resto do "povo", assim como as experiências relatadas nessas linguagens, foram tão diferentes entre si.

Desde o advento do Estado moderno, a elite instruída via a si mesma (correta ou equivocadamente, para o bem ou para o mal) como a vanguarda, as unidades avançadas da nação: estamos aqui para conduzir o resto do povo para o lugar a que já chegamos – outros nos seguirão, e é nossa tarefa fazer com que se movam rapidamente. Essa noção de missão coletiva está agora quase que totalmente abandonada. O "multiculturalismo" é um polimento nessa retirada (ou uma desculpa para isso). É como se aqueles que louvam e aplaudem as divisões multiculturais estivessem dizendo: somos livres para nos tornar qualquer coisa que desejemos ser, mas "o povo" prefere ater-se à condição em que nasceu e foi ensinado a permanecer. Que o faça – é problema dele, não nosso.

Você pergunta sobre o papel dos meios de comunicação na produção das identidades atuais. Eu preferiria dizer que a mídia fornece a matéria bruta que seus leitores/espectadores usam para enfrentar a ambivalência de sua posição social. A maioria do público de TV está penosamente consciente de que teve recusado o ingresso nas festividades mundiais "policulturais". Não vive, e não pode sonhar viver, no espaço global extraterritorial em que habita a elite cultural cosmopolita. À multidão de pessoas que teve negado o acesso à versão real, a mídia fornece uma "extraterritorialidade virtual", "substituta" ou "imaginada".

O efeito de "extraterritorialidade virtual" é obtido sincronizando-se a mudança de atenção e seus objetos para as vastas extensões do planeta. Milhões e centenas de milhões assistem às mesmas estrelas de cinema ou celebridades *pop* e as admiram, mudam simultaneamente do *heavy metal* para o *rap*, das calças boca de sino para a última moda em tênis atléticos, fulminam o mesmo inimigo público (global), temem o mesmo vilão (global) ou aplaudem o mesmo salvador (global). Por algum tempo, isso os eleva espiritualmente acima do chão em que não lhes é permitido mover-se fisicamente.

A sincronização dos focos de atenção e dos temas de conversa não é, evidentemente, equivalente a uma identidade compartilhada, mas os focos e temas mudam com tal rapidez que dificilmente há tempo para se compreender essa verdade. Tendem a desaparecer de vista e ser esquecidos antes que tenha havido tempo para tirar sua máscara. Mas antes de desaparecerem eles conseguem aliviar a dor da exclusão. Criam uma ilusão de liberdade de escolha como aquela de que Peer Gynt desfrutou e usufruiu, embora sustentar essa ilusão fosse uma tarefa assustadora e um esforço penoso – gerando muita frustração e proporcionando poucos ganhos. Os momentos de felicidade eram entremeados por longos períodos de preocupação e tristeza. Se você deseja que eu ate os muitos fios que começamos a tecer, mas na maioria dos casos deixamos soltos, eu diria que a ambivalência que a maioria de nós experimenta a maior parte do tempo ao tentarmos responder à questão da nossa identidade é genuína. A confusão que isso causa em nossas mentes também é genuína. Não há receita infalível para resolver os problemas a que essa confusão nos conduz, e não há consertos rápidos nem formas livres de risco para lidar com tudo isso. Também diria que, apesar de tudo, teremos de nos confrontar vezes sem conta com a tarefa da "autoidentificação", a qual tem pouca chance de ser concluída com sucesso e de modo plenamente satisfatório. É provável que fiquemos divididos entre o desejo de uma identidade de nosso gosto e a escolha e o temor de que, uma vez assumida essa identidade, possamos descobrir, como o fez Peer Gynt, que não existe uma "ponte, se você tiver de bater em retirada".

E tenha cuidado ao optar por não enfrentar o desafio. Lembre-se das palavras de Stuart Hall:

> Já que a diversidade cultural é, cada vez mais, o destino do mundo moderno, e o absolutismo étnico, uma característica regressiva da modernidade tardia, o maior perigo agora se origina das formas de identidade nacional e cultural – novas e antigas – que tentam assegurar a sua identidade adotando versões fechadas da cultura e da comunidade e recusando o engajamento ... nos difíceis problemas que surgem quando se tenta viver com a diferença.[35]

Tente, o máximo possível, evitar esse problema.

· Notas ·

1. Ver Siegfried Kracauer, *Ornament der Masse*. Suhrkamp, 1963.
2. "Une généalogie de l'insecurité contemporaine", entrevista com Philippe Robert, *Esprit*, dez. 2002, p.35-58.
3. Giorgio Agamben, *Means without Ends*, trad. de Vincenzo Binetti e Cesare Casarino. University of Minnesota Press, 2000, p.21.
4. Jorge Luis Borges, "Averroes' search", in *Collected Fictions*, trad. de Andrew Hurley. Penguin, 1998, p.241.
5. Jonathan Matthew Schwartz, *Pieces of Mosaic*. Intervention Press, Holjberg, 1996, p.132.
6. Lars Dencik, "Transformation of Identities in Rapidly Changing Societies", in *The Transformation of Modernity: Aspects of the Past, Present and Future of an Era*, org. por Mikael Carleheden e Michael Hviid Jacobsen. Ashgate, 2001, p.194.
7. Clifford Stoll, *Silicon Snakeoil*. Doubleday, 1995, p.58.
8. Charles Handy, *The Elephant and the Flea*, Hutchinson, 2001, p.204.
9. Andy Hargreaves, *Teaching the Knowledge Society: Education in the Age of Insecurity*. Open University Press, 2003, p.25.
10. Citado de Hanna Mamzer, *Tozsamosc w podrozy*. Poznan, 2002, p.13.
11. Monika Kostera, *Postmodernizm w zarzadzaniu*. Varsóvia, 1996, p.204.
12. Richard Sennett, "Flexibilité sur la ville", *Manière de Voir*, 66, nov.-dez. 2002, p.59-62.
13. Peter Beilharz, "The Logic of Polarization: Exclusion and Exploitation", manuscrito.
14. Richard Rorty, *Achieving our Country*. Harvard University Press, 1998, p.79, 91.
15. Richard Rorty, *Philosophy and Social Hope*. Penguin Books, 1999, p.203.
16. Hauke Brunkhorst, "Global Society as the Crisis of Democracy", in *The Transformation of Modernity*, p.233.
17. Alain Peyrefitte, *La société de confiance*. Odile Jacob, 1998, p.515ss.

18. Robert Musil, *Diaries 1899-1941*, trad. de Philip Payne. Basic Books, 1998, p.52.
19. Beata Frydryczak, *Swiat jako kolekcja* (O mundo como uma coleção). Humaniora, 2002, p.52-5.
20. Tom Nairn, "Demonizing Nationalism", *London Review of Books*, 23 fev. 1993.
21. René Girard, *Le bouc émissaire* (1982), aqui citado segundo a tradução de Yvonne Freccero, *The Scapegoat*. Johns Hopkins University Press, 1986, p.14, 16, 21.
22. Geneviève Zubrzycki, "The Classical Opposition between Civic and Ethnic Models os Nationhood: Ideology, Empirical Reality and Social Scientific Analysis", *Polish Sociological Review*, 3, 2002, p.275-95.
23. Erich Fromm, *The Art of Loving*. Thorson, 1995, p.vii.
24. *Observer Magazine*, 15 dez. 2002, p.43.
25. Barbara Ellen, "Breaking up May be Hard, but There Is No Harm in Men Learning the Etiquette", *Observer Magazine*, 5 jan. 2003, p.7.
26. Ver Mikhail Bakhtin, *Rabelais and his World* (traduzido da edição russa de 1965). MIT Press, 1968. Ver também o adequado resumo de Ken Hirschkop em "Fear and Democracy: an Essay on Bakhtin's Theory of Carnival", *Associations*, 1, 1997, p.209-34.
27. Blaise Pascal, *Pensées*, aqui citado segundo a tradução de A.J. Krailsheimer. Penguin, 1966, p.48.
28. Deixe-me apenas fazer um comentário, sem desenvolver o assunto, que a vulnerabilidade – a incerteza e o desamparo – é também a qualidade da condição humana a partir da qual se molda o medo *oficial*: o medo do poder *humano*, feito e mantido pelo homem. Esse "medo oficial" se constrói segundo o padrão do poder inumano refletido pelo (ou melhor, emanado do) "medo cósmico". Os poderes terrenos devem moldar-se à semelhança de Deus no intuito de colocar alguns de Seus assombrosos e atemorizantes poderes sobre seus próprios ombros. Eles lutam para se transformar na fonte da incerteza e da incompreensão (a "Glasnost", tal como planejada por Gorbachev, soaria como um dobre de finados para outros fora da ditadura comunista); eles extraem seu poderio e autoridade da vulnerabilidade de seus súditos.
29. *Peer Gynt*, aqui citado segundo a tradução de Christopher Fry e Johan Fillinger. Oxford University Press, 1970.
30. Ver Ray Pahl, *On Friendship*. Polity, 2000.
31. Ver Oliver James, "Constant Craving", *Observer Magazine*, 19 jan. 2003, p.71.
32. Hargreaves, *Teaching in the Knowledge Society*, p.25.
33. Stjepan Mestrovic, *Postemotional Society*. Sage, 1997.
34. Maria R. Markuz, "Cultural Pluralism and the Subversion of the 'Taken for Granted' World", in *Race Critical Theories*, org. por Philomena Essed e David Theo Goldberg. Blackwell, 2002, p.401.
35. Stuart Hall, "Culture, Community, Nation", *Cultural Studies*, 3, 1993, p.349-63.

· Índice remissivo ·

A
Agamben, Giorgio, 25, 27, 46
amor, 68-73, 75, 97, 101-2
ansiedade, 11, 18, 35, 38-9, 41, 59, 64, 69, 72, 88-9

B
Bakhtin, Mikhail, 77, 78
Baudelaire, Charles, 32, 81
Bauman, Janina, 10, 16
Baxter, Richard, 36
Beckett, Samuel, 20
Beilharz, Peter, 39
Benjamin, Walter, 38
boa sociedade, 41-2, 51
Boltanski, Luc, 40-1
Borges, Jorge Luis, 20, 26
Bourdieu, Pierre, 34, 40
Brunkhorst, Hauke, 53

C
Camus, Albert, 59
Chiapello, Eva, 40-1
cidadania, 16, 38-9, 47, 49-51, 66, 87
Cohen, Daniel, 40
comunidade, 12, 17, 19, 24, 27, 31-2, 37, 53, 61, 64, 66, 68, 82-3, 86, 101, 105
comunidades guarda-roupa, 37

comunitarianismo, 84
consumo, 70, 72, 81, 88, 98-9, 101-2

D
Dencik, Lars, 30, 107
Derrida, Jacques, 20, 62
Durkheim, Émile, 21-2, 29-30, 81

E
elite global, 13, 102-4
Ellen, Barbara, 71
Emerson, Ralph Waldo, 76
Estado social, 49-51
exclusão, 16, 27-8, 47, 52-3, 86, 99-100, 104

F
Fitoussi, Jean-Paul, 40
Foucault, Michael, 32
Frisch, Max, 44
Frydryczak, Beata, 59
fundamentalismo, 11, 13, 53, 92-4

G
Galbraith, Kenneth, 49
Gasset, Ortega y, 59
Giddens, Anthony, 71, 72
Girard, René, 64
globalização, 10-3, 18, 34, 46, 54, 65, 94-5, 100

Goffman, Erving, 32-3
Gramsci, Antonio, 10

H
Habermas, Jürgen, 48, 51, 87
Hall, Stuart, 105
Handy, Charles, 31
Hargreaves, Andy, 31, 101
Heidegger, Martin, 23
Hochfeld, Julian, 9
humanidade, 43, 47, 50, 78, 85-6, 94-5

I
Ibsen, Henrik, 97
identidade (definição), 21, 26, 44
individualização, 38
insegurança, 8, 11, 30, 70, 96

J
James, Oliver, 99

K
Kant, Immanuel, 29, 77, 85-6
Kierkegaard, Søren, 9, 59
Kolakowski, Leszek, 78, 80
Kostera, Monika, 33
Kracauer, Siegfried, 17, 21
Kymlicka, Will, 85

L
Lévi-Strauss, Claude, 55
Levinas, Emmanuel, 74
liberalismo, 84
lixo humano, 46-7
Lukács, Gyorgy, 38

M
Markus, Maria, 103
Marshall, Thomas, 34, 47-9
Marx, Karl, 10, 38-40, 46-7
Meinecke, Friedrich, 66
Mestrovic, Stjepan, 101
Mirandola, Pico della, 90
modernidade líquida, 10-4
Mondrian, Piet, 61
Morton, Andrew, 70-1, 72
multiculturalismo, 11, 102, 104
Musil, Robert, 57, 69

N
Nabokov, Vladimir, 20
nacionalismo, 61-3
Nairn, Tom, 61

O
Orwell, George, 85, 89
Ossowski, Stanistaw, 9
Otto, Rudolph, 77

P
Pahl, Ray, 98
Pascal, Blaise, 78, 80
Peyrefitte, Alain, 56

R
reconhecimento, 42-3, 45, 61, 87
refugiados, 18, 46, 60
Reich, Robert, 43
Renan, Ernest, 27
república, 47-8, 50
Ricoeur, Paul, 19
Robert, Phillippe, 24
Rorty, Richard, 43
Rosanvallon, Pierre, 40

S
sagrado, o, 8-9, 62-3, 77-80
Sartre, Jean-Paul, 55, 60, 89
Schmitt, Carl, 27
Schwartz, Jonathan Matthew, 29
Sêneca, 81
Sennett, Richard, 36, 40
Simmel, Georg, 12, 21-2, 29-30, 32
Steiner, George, 20
Stoll, Clifford, 31
subclasse, 45-6, 60, 89

T
Tuwim, Julian, 17

W
Weber, Max, 22, 27, 36, 80
Wittgenstein, Ludwig, 20

Z
Žižek, Slavoj, 82
Zubrzycki, Geneviève, 66

ESTA OBRA FOI COMPOSTA POR MARI TABOADA
EM AVENIR E MINION E IMPRESSA EM OFSETE PELA
GRÁFICA PAYM SOBRE PAPEL PÓLEN SOFT DA SUZANO S.A.
PARA A EDITORA SCHWARCZ EM SETEMBRO DE 2021

A marca FSC® é a garantia de que a madeira utilizada na fabricação do papel deste livro provém de florestas que foram gerenciadas de maneira ambientalmente correta, socialmente justa e economicamente viável, além de outras fontes de origem controlada.